Fritz Kammermeyer
Roland Zerpies

Besser in

Mathematik

5. Klasse
Gymnasium

Über die Autoren:
Fritz Kammermeyer ist Lehrer für Mathematik und Physik an einem Gymnasium sowie Schulbuchautor und Seminarlehrer für die Ausbildung in Mathematik.
Roland Zerpies ist Lehrer für Mathematik, Physik und Psychologie an einem Gymnasium sowie zentraler Fachberater und Seminarlehrer für die Ausbildung in Schulpsychologie.

Bibliografische Information der Deutschen Nationalbibliothek
Die Deutsche Nationalbibliothek verzeichnet diese Publikation in der Deutschen Nationalbibliografie; detaillierte bibliografische Daten sind im Internet über http://dnb.d-nb.de abrufbar.

Das Wort **Cornelsen** ist für den Cornelsen Verlag GmbH als Marke geschützt.

Alle Rechte vorbehalten.
Nachdruck, auch auszugsweise, vorbehaltlich der Rechte, die sich aus den Schranken des UrhG ergeben, nicht gestattet.

3. Auflage
© Cornelsen Scriptor 2012   D C B A
Bibliographisches Institut GmbH
Dudenstraße 6, 68167 Mannheim

Redaktionelle Leitung: Constanze Schöder
Redaktion: Dr. Angelika Fallert-Müller
Illustrationen: Böcking-Gestaltung, Bochum
Herstellung: Annette Scheerer
Layoutkonzept: Horst Bachmann, Weinheim
Umschlaggestaltung: glas AG, Seeheim-Jugenheim
Satz/Layout: FROMM MediaDesign, Selters im Taunus
Druck und Bindung: orthdruk, Białystok
Printed in Poland

ISBN 978-3-411-87035-6

Inhaltsverzeichnis

Vorwort 5

1 Größen und Daten 6
   1.1 Geld, Masse, Länge und Zeit 6
   1.2 Schätzen und Runden 9
   1.3 Maßstab 11
   1.4 Sammeln und Darstellen von Daten 13
   1.5 Daten aus Zufallsexperimenten 15
   Test 17

2 Natürliche und ganze Zahlen 19
   2.1 Große Zahlen 19
   2.2 Vergleichen und Ordnen natürlicher Zahlen 22
   2.3 Ganze Zahlen 24
   Test 28

3 Addition und Subtraktion 29
   3.1 Addieren natürlicher Zahlen 29
   3.2 Subtrahieren natürlicher Zahlen 31
   3.3 Vorteilhaftes Rechnen 34
   3.4 Rechenausdrücke mit Klammern 36
   3.5 Rechenaufträge übersetzen 37
   3.6 Addieren und Subtrahieren ganzer Zahlen 38
   Test 41

4 Multiplikation und Division 42
   4.1 Multiplizieren natürlicher Zahlen 42
   4.2 Vorteilhaft multiplizieren 44
   4.3 Potenzen 47
   4.4 Dividieren natürlicher Zahlen 49
   4.5 Rechenausdrücke mit Klammern 52
   4.6 Rechenaufträge übersetzen 53

Inhaltsverzeichnis

    4.7 Verbindung der Grundrechenarten 54
    4.8 Multiplizieren und Dividieren ganzer Zahlen 56
    Test 60

5 Geometrische Grundformen 61
    5.1 Körper 61
    5.2 Flächen 63
    5.3 Kanten und Linien, senkrecht und parallel 66
    5.4 Arbeiten im Koordinatensystem 70
    5.5 Winkel 72
    Test 77

6 Flächen- und Volumenmessungen 79
    6.1 Flächeneinheiten 79
    6.2 Flächenberechnungen 83
    6.3 Flächeninhalt bei zusammengesetzten Figuren 87
    6.4 Die Oberfläche von Quader und Würfel 89
    6.5 Volumeneinheiten 90
    6.6 Volumenberechnungen 94
    6.7 Volumen zusammengesetzter Körper 96
    Test 98

7 Sachaufgaben 100
    7.1 Rechnen mit Größen 100
    7.2 Gleichungen 104
    7.3 Lösungsstrategien für Sachaufgaben 106
    Test 109

Stichwortverzeichnis 110

Verzeichnis der Zeichen und Abkürzungen 112

Vorwort

Liebe Schülerin, lieber Schüler,

dieser Band der Reihe „Besser in Mathematik" hilft dir, deine Kenntnisse im Fach Mathematik zu verbessern. Du kannst gezielt Stoff nachholen und wiederholen, um sicherer zu werden!
Zu allen Bereichen des Mathematikunterrichts sind kleine Aufgaben angeboten, mit denen du selbstständig arbeiten kannst.
Die Schwerpunkte sind:

▷ Definitionen und Regeln kennen und anwenden,
▷ Aufgaben strukturieren und strategisch bearbeiten,
▷ Diagramme und Formeln erstellen und interpretieren,
▷ Zusammenhänge begründen und überprüfen.

Die Texte und die Aufgaben in diesem Buch sind so ausgewählt und zusammengestellt, dass dir die Bearbeitung möglichst leichtfällt.

TIPPS UND INFOS	Zum Arbeiten mit diesem Buch

▶ Lege dir ein **eigenes Arbeitsheft** zu, in das du schreibst.
▶ Bist du dir beim Lösen der Übungsaufgaben nicht ganz sicher, sieh dir die Beispiele noch einmal genau an.
▶ Vergleiche deine Ergebnisse mit denen im Lösungsheft.
Überprüfe bei Fehlern immer genau, was du falsch gemacht hast. Verbessere Fehler.
▶ Am Ende eines jeden Kapitels kannst du in einem kleinen Test überprüfen, ob du den Stoff nun beherrschst. Wenn nicht, bearbeite die entsprechenden Aufgaben in einigen Tagen noch einmal.

Viel Spaß und Erfolg beim Lernen!

1 Größen und Daten

Das musst du am Ende der Klasse 5 können:
▷ Größen umwandeln, schätzen und runden
▷ Mit maßstäblichen Darstellungen umgehen
▷ Umrechnungen zum Maßstab ausführen
▷ Daten sammeln und in Tabellen und Diagrammen aufbereiten
▷ Informationen aus Diagrammen entnehmen und damit argumentieren

1.1 Geld, Masse, Länge und Zeit

TIPPS UND INFOS — Größe – Maßzahl – Einheit

Eine **Größe** besteht aus **Maßzahl** und **Einheit**.
Folgende Einheiten kennst du: Euro – Cent, Meter – Zentimeter, Kilogramm – Gramm, Stunde – Minuten.

DAS MUSST DU WISSEN — Umwandeln von Einheiten

Geld: Die Grundeinheit ist 1 Euro (1 €).
Weitere Einheit: Cent (ct)
1 € = 100 Cent
Länge: Die Grundeinheit ist 1 Meter (1 m).
Weitere Einheiten: Kilometer (km), Dezimeter (dm), Zentimeter (cm), Millimeter (mm).

$$1\,km = 1\,000\,m = 1\,000\,000\,mm$$
$$1\,m = 10\,dm = 100\,cm = 1\,000\,mm$$
$$1\,dm = 10\,cm = 100\,mm$$
$$1\,cm = 10\,mm$$

Masse: Die Grundeinheit ist 1 Kilogramm (1 kg).
Weitere Einheiten: Tonne (t), Gramm (g), Milligramm (mg)

$$1\,t = 1\,000\,kg = 1\,000\,000\,g$$
$$1\,kg = 1\,000\,g = 1\,000\,000\,mg$$
$$1\,g = 1\,000\,mg$$

1.1 Geld, Masse, Länge und Zeit

Zeit: Die Grundeinheit ist 1 Sekunde (1 s).
Weitere Einheiten: Minute (min), Stunde (h), Tag (d), Jahr (a)
1 a = 365 d = 8 760 h = 525 600 min = 31 536 000 s
      1 d =   24 h =   1 440 min =   86 400 s
             1 h =   60 min =   3 600 s
                   1 min =   60 s

Beispiele:
▶ 2 kg 75 g = 2 000 g + 75 g   Wandle die größere Einheit um
   = 2 075 g   und addiere.
▶ 3 450 m = 3 000 m + 450 m   Spalte Vielfache von 1 000 m = 1 km
   ab 3 km 450 m   und wandle um.

❶ Wandle in die angegebene Einheit um.

a) 12 € [Cent]   b) 2 m [cm]   c) 3 kg [g]
d) 25 t [kg]   e) 13 km [m]   f) 170 mm [cm]

❷ Wandle in die kleinste vorkommende Einheit um.

a) 2 € 5 Cent   b) 4 t 350 kg   c) 14 kg 50 g
d) 5 km 35 m   e) 12 m 5 cm   f) 4 m 7 cm 3 mm

❸ Wandle in die angegebene Einheit um.

a) 2 h [min]   b) 5 min [s]   c) 5 d [h]
d) 4 h 35 min [min] e) 12 min 36 s [s]   f) 1 h 27 min 52 s [s]

1 Größen und Daten

DAS MUSST DU WISSEN — Kommaschreibweise

Größen können auch in Kommaschreibweise angegeben werden.
Beim Umwandeln helfen **Einheitentafeln**.

km	m			dm	cm	mm	Kommaschreibweise
	2	8	7	0			2 870 m = 2,87 km
				1	3	7	137 mm = 13,7 cm = 1,37 dm
				0	0	9	5 ... 95 mm = 9,5 cm = 0,095 m

Ggf. müssen Nullen ergänzt werden.

t	kg			g			mg	
	2	5	0	0				2,5 t = 2500 kg
				2	6	7	5	2,675 kg
					2	7	8	5 0 ... 27,85 g

4 Ergänze je zwei mögliche Schreibweisen (mit und ohne Komma).

km			m			dm	cm	mm	Lösung
				2	4	5			245 dm = 24,5 m
		1	7	5					175 km = 175 m
						1	2	6	126 dm = 126 mm
				1	3	8			138 m = 138 dm
				1	0	7	8		1098 m = 1098 mm

1.2 Schätzen und Runden

5 Schreibe ohne Komma.

a) 2,05 €   b) 0,07 €   c) 1,05 m
d) 3,85 km   e) 2,07 kg   f) 23,5 dm

6 Wandle in die nächstkleinere Einheit um.

a) 0,057 km   b) 0,22 m   c) 2,5 cm
d) 0,5 kg   e) 5,7 g   f) 0,03 t

7 Wandle in die angegebene Einheit um.

a) 235 cm [m]   b) 4 m 5 cm [m]   c) 380 m [km]
d) 450 kg [t]   e) 2 350 g [kg]   f) 30 g 50 mg [g]

8 Wandle in die nächstniedrigere und in die nächsthöhere Einheit um.

a) 356,5 g   b) 1 350,5 kg   c) 23,75 cm
d) 17,35 dm   e) 0,25 m   f) 235,75 m

9 Wandle in die angegebene Einheit um.
Vorsicht: Die Umrechnungszahlen bei Zeiten sind keine Stufenzahlen.

a) 1,5 h [min] b) 0,5 d [h]   c) 1,25 min [s]
d) 0,5 a [d]   e) 0,25 h [s]   f) 135 min [h]

1.2 Schätzen und Runden

> **TIPPS UND INFOS**
>
> Im Alltag werden oft gerundete oder geschätzte Größenangaben verwendet, weil exaktere Werte nicht gemessen werden können oder auch unsinnig sind.
> **Beispiel:** Runde die Zahl 1 573 auf Zehner (1 570), auf Hunderter (1 600) und auf Tausender (2 000).

1 Größen und Daten

> **DAS MUSST DU WISSEN — Zahlen runden**
>
> Ist die Ziffer nach der Rundungsstelle 0, 1, 2, 3 oder 4, so wird abgerundet; ist die Ziffer nach der Rundungsstelle 5, 6, 7, 8 oder 9, so wird aufgerundet.
> Beispiel: 17,65 m ≈ 18 m. Da nach der Rundungsstelle die Ziffer 6 steht, wird aufgerundet.

1 Runde auf die angegebene Einheit.

a) 13,49 € [€]   b) 254 Cent [€]   c) 3 € 9 Cent [€]
d) 1 890 kg [t]   e) 2 380 g [kg]   f) 3 g 80 mg [g]

2 Runde auf die angegebene Einheit und achte dabei auf das Komma.

a) 287,5 cm [m]   b) 2,37 dm [cm]   c) 1 279 m [km]
d) 0,0357 kg [g]   e) 874,5 mg [g]   f) 157 min [h]

3 Schätze.

a) Wie viele Stunden sitzt du jede Woche vor dem Fernseher?
b) Wie viele Grundschüler gibt es in Berlin?
c) Wie viele Schüler deiner Schule haben im Januar Geburtstag?
d) Wie viele Liter Wasser passen in eine Badewanne?
e) Wie viele Zimmer hat deine Schule?
f) Wie viele Meter ist ein Fußballplatz lang und breit?

4 Runde, wo es sinnvoll ist.

a) Die Stadt Berlin hat 3 459 218 Einwohner.
b) Der ICE fährt um 15:37 Uhr in Frankfurt ab.
c) Die Kontonummer lautet 135 647 248.
d) Zum Bundesligaspiel des FC Bayern werden 56 347 Zuschauer erwartet.
e) Die Stadt Nürnberg hat 1 582 357 453,57 € Schulden.

1.3 Maßstab

> **DAS MUSST DU WISSEN**
>
> Der **Maßstab** gibt an, wie sehr in einem Plan oder einem Modell die Längen im Vergleich zur Wirklichkeit verändert sind.
>
> Beispiele:
> ▶ Der Maßstab 1 : 20 000 bei einem Stadtplan gibt an, dass in Wirklichkeit jede Strecke 20 000-mal so lang wie im Plan ist.
>   – Ist eine Strecke in diesem Plan 3 cm lang, so gilt für die Strecke in Wirklichkeit: 3 cm · 20 000 = 60 000 cm = 600 m.
>   – Ist die Strecke in Wirklichkeit 5 km, so gilt für ihre Länge in diesem Stadtplan: 5 km : 20 000 = 500 000 cm : 20 000 = 25 cm.
> ▶ Ist das Modell eines 4,8 m langen Autos 4 cm lang, dann berechnest du den Maßstab so: 4,8 m : 4 cm = 480 cm : 4 cm = 120.
>   Der Maßstab ist 1 : 120.

❶ Welcher wirklichen Länge entspricht 1 cm auf einem Plan?

a) beim Maßstab 1 : 100
b) beim Maßstab 1 : 100 000
c) beim Maßstab 1 : 15 000
d) beim Maßstab 1 : 20 000 000

❷ Berechne die Länge in Wirklichkeit aus der Länge im Plan.

a) 5 cm; Maßstab 1 : 20 000
b) 4 cm; Maßstab 1 : 250 000
c) 3,5 cm; Maßstab 1 : 50 000
d) 25 mm; Maßstab 1 : 40 000 000

❸ Berechne die Länge im Plan aus der Länge in Wirklichkeit.

a) 1 km; Maßstab 1 : 20 000
b) 45 km; Maßstab 1 : 250 000
c) 3,5 km; Maßstab 1 : 50 000
d) 1,2 m; Maßstab 1 : 50

1 Größen und Daten

4 Berechne den Maßstab.

a) 5 km sind im Plan 5 cm.
b) 400 m sind im Plan 8 cm.
c) 3 500 km sind im Plan 7 cm.
d) 5,6 m sind im Modell 35 mm.

5 Ordne den Karten den richtigen Maßstab zu.
Autokarte, Europakarte, Stadtplan, Wanderkarte, Weltkarte, Wohnungsplan
1 : 250 000; 1 : 40 000 000; 1 : 15 000; 1 : 100; 1 : 15 000 000; 1 : 50 000

6 Im „Legoland" sind berühmte Gebäude im Maßstab 1 : 20 nachgebaut.

a) Wie hoch ist dort der Eiffelturm?
b) Wie lang wäre dort die Golden Gate Bridge?
c) Wie hoch wäre dort das höchste Hochhaus der Erde?

7 Die Nürnberger Altstadt im Maßstab 1 : 20 000

a) Wie weit ist das Laufer Tor vom Ludwigstor entfernt?
b) Wie weit ist es vom Laufer Tor über den Bahnhofsplatz zum Ludwigstor?
c) Wie lang braucht man für einen Spaziergang um die Nürnberger Altstadt, wenn man in der Minute 100 m zurücklegt?
d) Wie schnell läuft ein Fußgänger, wenn er die Altstadt entlang dem Fluss Pegnitz in 20 Minuten durchquert?

1.4 Sammeln und Darstellen von Daten

DAS MUSST DU WISSEN — Strichlisten, Tabellen, Diagramme

Gesammelte Daten können durch **Strichlisten, Tabellen** und verschiedene **Diagramme** dargestellt werden.

Beispiel: Von den Schülerinnen und Schülern der Klasse 5b kommen vier zu Fuß, sieben fahren mit dem Rad, vier nehmen den Bus, neun werden mit dem Auto gebracht und zwei fahren mit der Straßenbahn.

Verkehrsmittel	Strichliste
zu Fuß	IIII
Fahrrad	ЖТ II
Bus	IIII
Auto	ЖТ IIII
Straßenbahn	II

Figurendiagramm (Piktogramm)

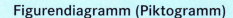
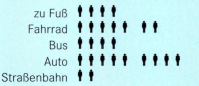

Säulendiagramm   Balkendiagramm

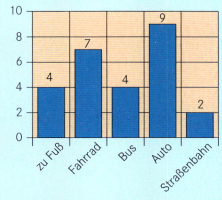
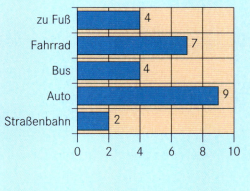

Ersetzt man die Rechtecke durch Striche, erhält man ein **Strichdiagramm**.

1 Größen und Daten

1 Sammle die Daten in einer Tabelle und erstelle ein Diagramm deiner Wahl.

a) Die Farbe von 50 Autos auf der Straße.
b) Die Seitenzahl deiner Schulbücher.
c) Die Zahl der Tore bei den nächsten Spielen in der Fußball-Bundesliga.

2 Welche Vor- und Nachteile haben die verschiedenen Diagrammarten?

3 Erstelle eine Tabelle und ein Balkendiagramm.

a) In der Klasse 5a sind drei Schüler 9 Jahre, 12 Schüler 10 Jahre, 8 Schüler 11 Jahre und zwei Schüler 12 Jahre alt.
b) In der Klasse 5c haben 7 Schüler ein Meerschweinchen, 5 einen Hund, vier eine Katze und drei einen Vogel als Haustier.
c) In der Klasse 5d spielen 24 Schülerinnen und Schüler Fußball, 8 Tennis, 7 Tischtennis, 5 Handball und vier sind im Schwimmverein.
Hat die 5d wirklich 48 Schüler?

4 Suche die Daten und stelle sie in Tabellen und Diagrammen dar.

a) Einwohnerzahlen der fünf Kontinente
b) Flächengröße der fünf Kontinente
Welche Probleme treten bei der Darstellung in diesen Diagrammen auf?

5 Erstelle zu dem Diagramm eine Tabelle und mache Aussagen dazu.

a)

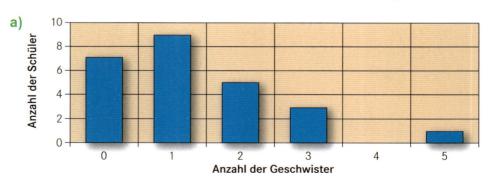

1.5 Daten aus Zufallsexperimenten

b)
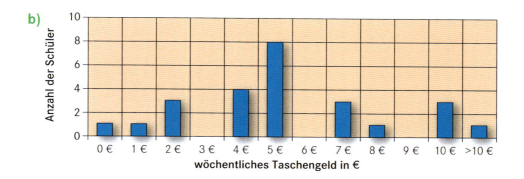

1.5 Daten aus Zufallsexperimenten

> **DAS MUSST DU WISSEN** — **Das Zufallsexperiment**
>
> Ein Würfel wird 30-mal geworfen und die Augenzahl wird jeweils notiert.
>
> | Augenzahl | 1 | 2 | 3 | 4 | 5 | 6 |
> |---|---|---|---|---|---|---|
> | Anzahl | 3 | 6 | 7 | 4 | 5 | 5 |
>
> Da die Ergebnisse hier vom Zufall abhängen, spricht man von einem **Zufallsexperiment**.

1 Münze und Reißnagel

a) Wirf eine Münze 50-mal und gib die Ergebnisse an.
b) Wirf einen Reißnagel 50-mal und gib die Ergebnisse an.
   (Kopf unten = K; Spitze unten = S)
c) Vergleiche die Ergebnisse und gib Erklärungen.

1 Größen und Daten

2 Verschiedene „Würfel"

a) Beschreibe die Spielwürfel.
b) Welche Ergebnisse treten bei den abgebildeten Spielwürfeln auf?
c) Jeder „Würfel" wird 120-mal geworfen. Erstelle eine Tabelle mit möglichen Ergebnissen. Erkläre, wie du vorgehst.

3 Merkwürdige Ergebnisse

Augenzahl	1	2	3	4	5	6
Würfel 1	10	10	10	10	10	10
Würfel 2	0	4	5	6	5	40
Würfel 3	21	17	22	0	0	0

a) Wie oft wurde jeweils gewürfelt?
b) Stelle die Ergebnisse in Diagrammen dar.
c) Finde Erklärungen für diese Ergebnisse.

4 Bausteine

a) Welche Ergebnisse können beim Werfen eines Bausteins mit 4 Noppen bzw. 6 Noppen auftreten?
b) Wirf einen Baustein mit 4 Noppen 30-mal. Notiere die Ergebnisse in einer Tabelle. Zeichne ein Diagramm dazu.
c) Wirf einen Baustein mit 6 Noppen 30-mal. Notiere die Ergebnisse in einer Tabelle und zeichne ein Diagramm dazu.

1 TEST Größen und Daten

5 **Augensummen**

a) Zwei Würfel wurden 100 000-mal gemeinsam geworfen. Die Summe der Augenzahlen wurde notiert und in dem Diagramm dargestellt.
Erstelle hierzu eine Tabelle. Worauf musst du dabei achten?
b) Finde eine Erklärung für diese Ergebnisse.

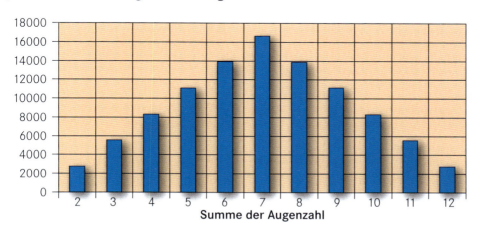

Test

1 **Größen umwandeln, schätzen und runden**

a) Wandle 1 t 57 kg in Tonnen um und runde sinnvoll. |2|
b) Schätze, wie viele von 6 000 Kindern im April Geburtstag haben.
Erkläre, wie du vorgehst. |3|

2 **Mit maßstäblichen Darstellungen umgehen**

a) Welchen Maßstab hat der Plan? |2|
b) Wie groß müsste eine 80 cm breite
Tür eingezeichnet werden? |1|

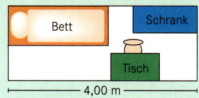

TEST Größen und Daten

3) Umrechnungen zum Maßstab ausführen

a) Wie groß ist ein Modell im Maßstab 1 : 16 eines 4,56 m langen Autos? |2|

b) Eine Wanderstrecke von 13,5 km ist in einer Wanderkarte 27 cm lang. Welchen Maßstab hat die Karte? |3|

4) Daten sammeln und in Tabellen und Diagrammen aufbereiten

a) Miss die Länge deiner Stifte, trage sie in eine Tabelle ein und erstelle ein Diagramm. |6|

b) Begründe deine Wahl für die Art des Diagramms. |2|

5) Informationen aus Diagrammen entnehmen und damit argumentieren

a) Wie viele der befragten Jugendlichen besitzen einen Fernseher bzw. einen DVD-Player? |2|

b) Welche Auswirkungen auf die Befragung hat die Tatsache, dass in vielen Handys auch ein MP3-Player integriert ist? |2|

c) Begründe unter Verwendung des Diagramms, warum die Zahl der DVD-Player nicht wesentlich größer ist. |4|

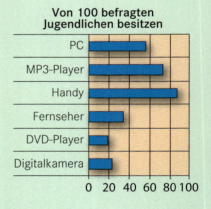

||29||

Wie viele Punkte hast du? Erreichst du mehr als 23 Punkte, beherrschst du den Inhalt des Kapitels wirklich gut. Erreichst du weniger als 13 Punkte, dann solltest du dieses Kapitel wiederholen.

2 Natürliche und ganze Zahlen

Das musst du am Ende der Klasse 5 können:
▷ Große natürliche Zahlen lesen und schreiben
▷ Große natürliche Zahlen mit Zehnerpotenzen darstellen
▷ Natürliche Zahlen z. B. am Zahlenstrahl anordnen und vergleichen
▷ Mit ganzen Zahlen an anschaulichen Modellen umgehen
▷ Ganze Zahlen z. B. an der Zahlengeraden anordnen und vergleichen

2.1 Große Zahlen

DAS MUSST DU WISSEN — Der Stellenwert

Ziffern in einer Zahl haben einen **Eigenwert** und einen **Stellenwert.**
Beispiel: Bei 3 207 hat die Ziffer 2 den Stellenwert 100: 2 · 100 = 200.

DAS MUSST DU WISSEN — Stufenzahlen

Bezeichnungen und Zehnerpotenzschreibweise der Stufenzahlen:

1	Eins	10^0
10	Zehn	10^1
100	Hundert	10^2
1 000	Tausend	10^3
10 000	Zehntausend	10^4
100 000	Hunderttausend	10^5
1 000 000	Million	10^6
10 000 000	Zehn Millionen	10^7
100 000 000	Hundert Millionen	10^8
1 000 000 000	Milliarde	10^9
1 000 000 000 000	Billion	10^{12}
1 000 000 000 000 000	Billiarde	10^{15}

Die hochgestellte Zahl heißt **Hochzahl (Exponent)** und gibt die Anzahl der Nullen hinter der 1 an.

2 Natürliche und ganze Zahlen

| DAS MUSST DU WISSEN | Die Stellenwerttafel |

...	Billionen			Milliarden			Millionen			Tausender					
...	HB	ZB	B	HMd	ZMd	Md	HM	ZM	M	HT	ZT	T	H	Z	E
	2	7	3	8	9	1	0	7	0	6	4	0	3	8	4
			5	0	5	0	5	0	5	0	5	0	5	0	5
		2	0	0	0	0	0	0	2	2	0	0	0	0	0

Übersichtlich schreibt man die Zahlen in Dreiergruppen:
273 891 070 640 384;
5 050 505 050 505;
20 000 002 200 000.
So liest man diese Zahlen:
zweihundertdreiundsiebzig Billionen achthunderteinundneunzig Milliarden siebzig Millionen sechshundertvierzigtausenddreihundertvierundachtzig;
fünf Billionen fünfzig Milliarden fünfhundertfünf Millionen fünfzigtausendfünfhundertfünf;
zwanzig Billionen zwei Millionen zweihunderttausend.

Hinweis zur Rechtschreibung:
Die Zahlwörter Million, Milliarde, Billion usw. schreibt man groß. Zahlwörter unter einer Million werden klein- und zusammengeschrieben.

| DAS MUSST DU WISSEN | Die Menge der natürlichen Zahlen |

Fasst man alle natürlichen Zahlen zu einer Menge zusammen, so erhält man die **Menge der natürlichen Zahlen,** die unendlich viele Zahlen enthält. Man schreibt: $\mathbb{N}$ = {0; 1; 2; 3; 4; 5; ...}[1].

---

[1] In manchen Büchern gehört die Null nicht zu den natürlichen Zahlen (s. S. 112).

2.1 Große Zahlen

1 Schreibe als Zehnerpotenzen.

a) 100 000
b) 10 000 000
c) 10 000 000 000
d) 100 000 000
e) 1 000 000 000
f) 100 000 000 000

2 Schreibe die Zehnerpotenzen als Zahlwörter.

a) 10^4
b) 10^7
c) 10^9
d) 10^{10}
e) 10^{15}
f) 10^{17}

3 Übertrage die Zahlen in eine Stellenwerttafel und schreibe sie als Zahlwörter.

a) 8 080 800
b) 35 065 107 069
c) 123 456 789
d) 68 806 680 868 086
e) 909 090 909 090 909
f) 101 001 000 100 001

4 Schreibe mit Ziffern.

a) drei Millionen vierhundertachtundzwanzigtausendeinhundertneununddreißig
b) achthundertvierzig Milliarden
c) fünfhundertsieben Millionen
d) sechs Milliarden neunzig Millionen
e) dreihundertfünf Milliarden sechs Millionen
f) sechsundvierzig Billionen
g) zweihundertvier Billionen neunzig Milliarden sechshunderttausend
h) fünfzig Trillionen vierhundert Billiarden dreihundertvier Millionen

5 Verdopple und halbiere die Zahlen.

a) 450 000
b) 56 000 000
c) 1 700 000
d) 5 300 000
e) 50 406 000
f) 780 000 000

2 Natürliche und ganze Zahlen

6 Schreibe die Zahl mit Ziffern.

a) die kleinste und die größte sechsstellige Zahl
b) die kleinste und die größte siebenstellige Zahl mit lauter verschiedenen Ziffern
c) die größte und die kleinste zehnstellige Zahl, die alle Ziffern enthält
d) die größte und die kleinste zwölfstellige Zahl, die alle Ziffern enthält
e) die größte und die kleinste elfstellige Zahl, die alle ungeraden Ziffern enthält
f) die kleinste und die größte achtstellige Zahl, die abwechselnd gerade und ungerade Ziffern hat

2.2 Vergleichen und Ordnen natürlicher Zahlen

DAS MUSST DU WISSEN — Nachfolger und Vorgänger

Die natürlichen Zahlen lassen sich der Größe nach ordnen.
Jede natürliche Zahl n besitzt einen **Nachfolger,** die um 1 größere Zahl $n+1$. Es gibt also keine größte natürliche Zahl.
Jede natürliche Zahl n außer der Zahl 0 besitzt einen **Vorgänger,** die um 1 kleinere Zahl $n-1$. 0 ist somit die kleinste natürliche Zahl.

DAS MUSST DU WISSEN — Der Zahlenstrahl

Trägt man auf einem Strahl vom Anfangspunkt 0 aus fortlaufend eine Einheitsstrecke ab und ordnet den so erhaltenen Punkten auf dem Strahl vom Anfangspunkt aus der Reihe nach die Zahlen 1, 2, 3 usw. zu, so erhält man den **Zahlenstrahl.**

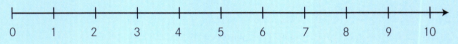

2.2 Vergleichen und Ordnen natürlicher Zahlen

Die Länge der Einheitsstrecke heißt **Längeneinheit** (LE) des Zahlenstrahls. Sie kann beliebig gewählt werden. Meist ist die Längeneinheit 1 cm (1 LE = 1 cm).
Oft ist auch nur ein Ausschnitt des Zahlenstrahls dargestellt:

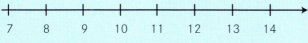

oder die Einheit geändert (z. B. 1 LE = 5 mm):

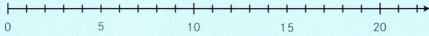

Die Anordnung der natürlichen Zahlen lässt sich am Zahlenstrahl ablesen: Von zwei Zahlen auf dem Zahlenstrahl ist die größere weiter rechts und die kleinere weiter links. 6 steht rechts von 4, 1 steht links von 4. Man sagt: „6 ist größer als 4" und „1 ist kleiner als 4" und schreibt: 6 > 4 und 1 < 4.

1 Gib jeweils den Vorgänger und den Nachfolger an.

a) 123 456 789　　b) 200 102 010　　c) 999 999 999
d) 400 300 000　　e) 7 000 000 000　　f) 111 999 111 999

2 Für welche Zahlen stehen die Buchstaben?

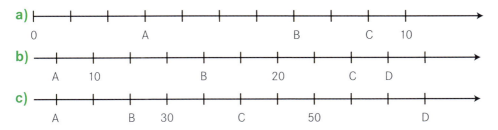

3 Trage die Zahlen an einem Zahlenstrahl an.

a) 7; 13; 4; 9; 17　　　　b) 27; 31; 28; 24; 37
c) 105; 90; 95; 110; 85　　d) 100; 250; 350; 500

2 Natürliche und ganze Zahlen

4 Ordne die Zahlen der Größe nach und beginne mit der kleinsten Zahl.

a) 432; 234; 342; 243; 423; 324; 222; 333; 444
b) 2 070; 2 200; 7 200; 2 020; 7 070; 7 007; 7 207; 2 002; 2 702; 2 007
c) 7 070 707; 987 654; 123 456; 987 987; 7 700 070; 897 897; 7 070 770
d) 987 654; 654 987; 789 645; 897 456; 978 654; 897 564; 798 564
e) die kleinste fünfstellige Zahl mit lauter verschiedenen Ziffern;
die kleinste fünfstellige Zahl mit lauter ungeraden Ziffern;
die kleinste fünfstellige Zahl, die mit 2 beginnt;
die kleinste fünfstellige Zahl mit lauter gleichen Ziffern;
die größte fünfstellige Zahl, die mit 11 beginnt.

2.3 Ganze Zahlen

DAS MUSST DU WISSEN — Werte „unter Null"

Werte von Größen können „unter Null" liegen.
Beispiele:
Temperatur: –7 °C; geografische Höhe: – 216 m; Kontostand: – 275 €.

DAS MUSST DU WISSEN — Eigenschaften der ganzen Zahlen

Die Zahlen mit dem Minuszeichen, die vor den Einheiten stehen, heißen **negative Zahlen**. Die Null ist weder positiv noch negativ.
Die **Menge der ganzen Zahlen** $\mathbb{Z}$ = {...; – 3; – 2; – 1; 0; 1; 2; 3; 4; 5; ...} enthält die natürlichen Zahlen. Setzt man den Zahlenstrahl nach links über die Null mit gleicher Einheit fort, kann man dort die negativen Zahlen antragen. Man erhält die **Zahlengerade**.

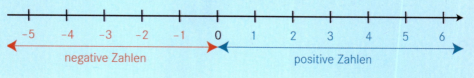

2.3 Ganze Zahlen

Zahlen, die sich nur im Vorzeichen unterscheiden, heißen **Gegenzahlen**. Sie haben den gleichen **Betrag** (gleichen Abstand von der 0 auf der Zahlengeraden). Schreibweise: |–3| = |3| = 3.

Beispiel:

Zahl	5	–5	17	–5 678
Gegenzahl	–5	5	–17	5 678
Betrag	5	5	17	5 678

1 Schreibe die Temperaturen auf.

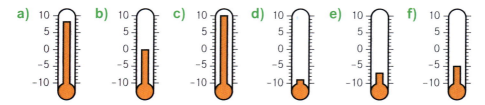

2 Zeichne ein Thermometer und trage die Temperaturen an.

a) 6 °C b) –5 °C c) 0 °C

3 Suche im Atlas Orte, die unter NN liegen, gib ihre geografischen Höhen an und vergleiche sie.

a) in Jordanien b) in Kalifornien c) in den Niederlanden
d) in China e) im Atlantik f) im Pazifik

4 Gib die Gegenzahl und den Betrag an.

a) 8 b) –7 c) 0
d) –17 e) 135 f) –1 000

2 Natürliche und ganze Zahlen

5 Richtig oder falsch? Begründe.

a) Jede Gegenzahl einer negativen Zahl ist positiv.
b) – 5 ist keine positive Zahl.
c) Der Betrag einer Zahl ist immer positiv.
d) Die Gegenzahl ist immer negativ.
e) Zahl und Gegenzahl sind nie gleich.
f) Der Betrag einer negativen Zahl ist gleich ihrer Gegenzahl.

6 Übertrage die Tabelle und fülle sie aus.

	Morgen-temperatur	gestiegen um	Mittags-temperatur	gefallen um	Abend-temperatur
a)	4 °C	5 °C	9 °C	–10 °C	–1 °C
b)	–2 °C	5 °C	(+)7 °C	–11 °C	–4 °C
c)	–1 °C	4 °C	3 °C	–7 °C	–3 °C
d)	–7 °C	6 °C	(+)14 °C	9 °C	(+)6 °C
e)	1 °C	4 °C	5 °C	7 °C	(+)2 °C

7 Übertrage die Tabelle für Fahrten im Aufzug und ergänze sie.

	Einstieg	Fahrstuhlbewegung	Ausstieg
a)	–2	+5	+3
b)	+6	–4	–2
c)	6	–9	–16
d)	–4	–2	7
e)	–8	–5	–3

2.3 Ganze Zahlen

8 Für welche Zahlen stehen die Buchstaben?

a)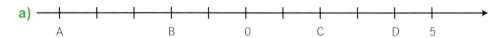

b)

c)

9 Trage die Zahlen an einer Zahlengeraden an.

a) 0; 7; −3; 4; −7
b) −25; 10; 0; 20; −20; 35
c) −100; 30; 0; −50; 10; −80
d) 100; −250; 350; −50

10 Setze das richtige Zeichen (< oder >) ein.

a) 19 < −21
b) −6 > 3
c) −31 < −28
d) −525 > −552
e) 60 < |−400|
f) 98 < |−97|

11 Ordne die Zahlen der Größe nach und beginne mit der kleinsten Zahl.

a) −9; 0; 3; 7; −7; −4; 1; −2; 8
b) −17; 27; 0; 17; 72; −71
c) −8; 0; 4; |−6|; −2; |10|; |−12|
d) 432; 234; 342; −243; −423; −324; −432; −234; −342; 243; 423; 324
e) 2 070; −2 200; 2 020; −2 070; −2 007; 2 207; −2 002; −2 702; 2 007

2 TEST Natürliche und ganze Zahlen

Test

1 Schreibe als Zahlwörter.

a) 10^5 |1| b) 10 000 000 |1| c) 303 030 003 |1|

2 Schreibe mit Ziffern.

a) vierundachtzigtausendvierhundertachtundvierzig |1|
b) zehn Milliarden zehntausendzehn |1|
c) die größte zwölfstellige Zahl, die alle Ziffern enthält |2|
d) die kleinste achtstellige Zahl, die alle geraden Ziffern enthält |2|

3 Ergänze die fehlenden Temperaturen.

	Anfangstemperatur	Temperaturänderung	Endtemperatur	
a)	−2 °C	+7 °C	+10 °C	|1|
b)	+4 °C	−6 °C	−1 °C	|1|
c)	−2 °C	−5 °C	−3 °C	|1|

4 Ordne die Zahlen der Größe nach und beginne mit der kleinsten Zahl.
−7; 0; 3; |−6|; −2; |8|; −6 |3|

5 Trage die Zahlen an einer Zahlengeraden an.
35; 0; −40; 5; −25 |4|

||19||

Wie viele Punkte hast du? Erreichst du mehr als 15 Punkte, beherrschst du den Inhalt des Kapitels wirklich gut. Erreichst du weniger als 9 Punkte, dann solltest du dieses Kapitel wiederholen.

3 Addition und Subtraktion

Das musst du am Ende der Klasse 5 können:
▷ Natürliche und ganze Zahlen addieren und subtrahieren
▷ Die Fachbegriffe der Addition und Subtraktion anwenden
▷ Rechenvorteile nutzen und mit Klammern rechnen

3.1 Addieren natürlicher Zahlen

DAS MUSST DU WISSEN — Summe, Summand, Wert der Summe

Rechenausdrücke mit Pluszeichen wie 12 + 85 oder 87 + 13 + 90 bezeichnet man als **Summen**. Die einzelnen Zahlen, die du addierst (zusammenzählst), heißen **Summanden** und werden der Reihe nach abgezählt. Das Ergebnis einer solchen Rechnung heißt **Wert der Summe**.

$$12 + 85 = 97$$

1. Summand   2. Summand   Wert der Summe

$\underbrace{\qquad\qquad\qquad}_{\text{Summe}}$

TIPPS UND INFOS — Rechenaufträge formulieren

So kannst du die Aufgabe als Rechenauftrag formulieren:
▶ Addiere die Zahlen 12 und 85.
▶ Berechne den Wert der Summe der Zahlen 12 und 85.
▶ Addiere **zu** 12 die Zahl 85.
▶ Addiere 85 **zur** Zahl 12.

Bei den letzten beiden Rechenaufträgen erkennst du die richtige Reihenfolge der Summanden so: Nach „zu" oder „zur" steht immer der 1. Summand.

3 Addition und Subtraktion

> **DAS MUSST DU WISSEN** **Schriftliches Addieren**
>
> **Untereinander addieren** wie bei einem Kassenzettel:
> 1. Schreibe die Summanden so untereinander, dass die entsprechenden Stellen wie bei der Stellenwerttafel (s. S. 20) genau untereinander stehen.
> 2. Addiere nacheinander Einer, Zehner, ... und schreibe die Überträge klein unter die nächste Stelle.
>
> ```
>   928    Addiere die Einer:      8 + 8 + 7 = 23.     3 anschreiben,
>                                                      Übertrag 2
>   738    Addiere die Zehner:     2 + 3 + 9 + 2 = 16. 6 anschreiben,
>                                                      Übertrag 1
> + 97     Addiere die Hunderter:  9 + 7 + 1 = 17      17 anschreiben
>   12     Übertrag
> -----
>  1763
> ```
>
> **Nebeneinander addieren** ist platzsparender: $9\overset{..}{2}8 + \overset{1}{9}\overset{..}{7} + 7\overset{2}{3}\overset{..}{8} = 1\,763$
>
> Als Rechenkontrolle markierst du schon verwendete Ziffern mit einem Punkt. Die Überträge schreibst du klein über die nächste Stelle.
> Bei einer **Überschlagsrechnung** werden die Summanden so gerundet, dass man im Kopf rechnen kann. Die Überschlagsrechnung zeigt dir die Größenordnung des Ergebnisses.
> Beispiel: 6891 + 75318 + 41616 = ?
> Überschlag: 7000 + 75000 + 42000 = 124000.

❶ Überschlage zuerst und berechne dann den Wert der Summe schriftlich.

a) 654 + 875 + 981 + 54
b) 4870 + 873 + 8623 + 550
c) 87500 + 75275 + 6450 + 877 + 2350

d) 48834
  + 5487

e) 319056
  + 98765

f) 99999
  + 103041

❷ Übersetze den Rechenauftrag in einen Rechenausdruck und berechne. Beachte dabei die richtige Reihenfolge der Summanden.

a) Addiere die Zahlen 165 und 187.
b) Addiere zu 4 000 die Zahl 8 750.
c) Berechne den Wert der Summe der Zahlen 75, 87 und 128.
d) Addiere die Zahl 40 500 zur Zahl 175 000.
e) Addiere die Zahlen 800 und 250 zur Zahl 1 650.

3.2 Subtrahieren natürlicher Zahlen

DAS MUSST DU WISSEN — Minuend, Subtrahend, Differenz

Rechenausdrücke mit Minuszeichen wie 19 − 7 bezeichnet man als **Differenzen**. Weitere Fachausdrücke sind:

$$\underbrace{19 \quad - \quad 7}_{\text{Differenz}} \quad = \quad 12$$

Minuend   Subtrahend   Wert der Differenz

(Merkhilfe: Minuend kommt im Alphabet vor Subtrahend, genauso steht der Minuend vor dem Subtrahenden.)

TIPPS UND INFOS — Rechenaufträge formulieren

So kannst du die Aufgabe als Rechenauftrag formulieren:
▶ Subtrahiere **von** 19 die Zahl 7.
▶ Subtrahiere 7 **von** der Zahl 19.
▶ Berechne den Wert der Differenz der Zahlen 19 und 7.

Bei den ersten zwei Rechenaufträgen erkennst du die richtige Reihenfolge der Zahlen so: Nach **„von"** steht immer der Minuend.

3 Addition und Subtraktion

DAS MUSST DU WISSEN — So rechnest du eine „Probe"

Subtraktion und Addition sind zueinander **umgekehrte Rechenarten**. Diesen Zusammenhang kann man gut gebrauchen, z. B. wenn man mit einer „Probe" überprüfen will, ob richtig gerechnet wurde.
Beispiel:

30 + 25 = 55

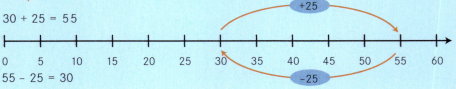

55 − 25 = 30

DAS MUSST DU WISSEN — Schriftliches Subtrahieren

Untereinander subtrahieren:
1. Schreibe den Subtrahenden so unter den Minuenden, dass die entsprechenden Stellen wie bei der Stellenwerttafel (s. S. 20) genau untereinander stehen.
2. Subtrahiere nacheinander Einer, Zehner, … und „borge", wenn nötig, bei der nächsten Stelle.

```
  6 3
  7̸ 4̸ 2 8    Subtrahiere die Einer:     8 − 5 = 3
− 5 6 8 5    Subtrahiere die Zehner:    2 − 8    geht nicht; borgen:
  ───────                                         12 − 8 = 4
  1 7 4 3    Subtrahiere die Hunderter: 3 − 6    geht nicht; borgen:
                                                  13 − 6 = 7
             Subtrahiere die Tausender: 6 − 5 = 1
```

Nebeneinander subtrahieren:
Markiere als Rechenkontrolle wieder mit einem Punkt. Die Veränderungen durch das „Borgen" kannst du klein über die nächste Stelle schreiben.
Beispiel: 7̸4̸28 − 5685 = 1743

3.2 Subtrahieren natürlicher Zahlen

Nebeneinander subtrahieren mit Überschlagsrechnung:
Bei einer Überschlagsrechnung wird wieder geschickt gerundet.
Beispiel:
94 876 − 58 418 = ?   Überschlag: 95 000 − 58 000 = 37 000.

Genaue Rechnung: 94 876 − 58 418 = 36 458.

Als **Probe** kannst du die Rechnung auf zwei Arten umkehren:
36 458 + 58 418 = 94 876 oder 94 876 − 36 458 = 58 418.

1 Überschlage zuerst und berechne dann den Wert der Differenz schriftlich.

a) 178 − 99
b) 864 − 286
c) 8 649 − 7 533
d) 753 522 − 69 941
e) 85 632 − 10 007
f) 6 666 666 − 5 432 099

2 Rechne und mache eine Probe.

a) 87 520
   − 74 002

b) 952 005
   − 765 323

c) 8 342 865
   − 743 926

3 Übersetze den Rechenauftrag in einen Rechenausdruck. Wie heißt jeweils der Minuend bzw. der Subtrahend?

a) Subtrahiere von 87 die Zahl 75.
b) Berechne den Wert der Differenz der Zahlen 7 563 und 6 158.
c) Subtrahiere 673 von der Zahl 1 723.

3 Addition und Subtraktion

3.3 Vorteilhaftes Rechnen

TIPPS UND INFOS — Von links nach rechts

Bei einem **Rechenausdruck** (man sagt auch **Term**) rechnest du normalerweise mit den Zahlen der Reihe nach von links nach rechts. Klammern werden zuerst berechnet.

Beispiele:
35 + 17 + 15 = 52 + 15 = 67; 744 − 317 + 156 = 427 + 156 = 583

DAS MUSST DU WISSEN — Die Rechengesetze

Sie geben an, wie man Terme so umstellen kann, dass sie einfacher zu berechnen sind.

Kommutativgesetz[1] (oder Vertauschungsgesetz) der Addition
Beim Addieren darf man die Reihenfolge der Summanden verändern, ohne dass sich der Wert der Summe ändert.
Kurzform: $a + b = b + a$
Beispiel: 14 + 75 = 89 und 75 + 14 = 89

Assoziativgesetz[2] (oder Verbindungsgesetz) der Addition
Beim Addieren kann man Klammern beliebig setzen oder weglassen, ohne dass sich der Wert der Summe ändert.
Kurzform: $(a + b) + c = a + b + c = a + (b + c)$
Beispiel: (78 + 87) + 13 = 78 + 87 + 13 = 78 + (87 + 13) = 178

Terme mit Plus- und Minusgliedern
Rechnungen mit Plus- und Minusgliedern kann man vorteilhaft so berechnen: Man addiert zum Ausgangswert alle Plusglieder (Zahlen nach einem Pluszeichen). Davon subtrahiert man die Summe aller Minusglieder (Zahlen nach einem Minuszeichen).
Beispiel: 80 − 20 + 65 − 87 = (80 + 65) − (20 + 87) = 145 − 107 = 38

---

[1] commutare (lat.): vertauschen
[2] associare (lat.): vereinigen, verbinden

3.3 Vorteilhaftes Rechnen

> **Achtung:** Für die Subtraktion gelten Kommutativgesetz oder Assoziativgesetz nicht. Minuend und Subtrahend sowie die Reihenfolge der Rechenschritte dürfen **nicht vertauscht** werden.
> Beispiele:
> ▶ 57 − 13 = 44, aber 13 − 57 = − 44 (s. S. 38)
> ▶ (88 − 13) + 12 = 75 + 12 = 87, aber 88 − (13 + 12) = 88 − 25 = 63

❶ Stelle die Reihenfolge so um, dass du vorteilhaft rechnen kannst.

a) 677 + 187 + 123
b) 1 700 + 9 833 + 4 300
c) 145 + 733 + 55
d) (77 + 105) + (133 + 85)

❷ Gib an, welche Rechengesetze angewandt wurden.

a) 165 + 35 + 21 + 179 = 200 + 200 = 400
b) 1 280 + 4 365 + 3 235 = 1 280 + 7 600 = 8 880
c) 725 + 217 + 375 = 1 100 + 217 = 1 317
d) 6 280 + 493 + 55 + 720 + 707 = 7 000 + 1 200 + 55 = 8 255

❸ Sortiere und berechne dann den Wert des Terms.

a) 750 − 320 + 4 120 + 675 − 330 − 290
b) 1 954 + 975 − 1 205 − 865 + 9 253
c) 18 564 − 9 853 + 7 536 − 920 − 14 737 + 410
d) 765 398 + 52 439 − 135 944 − 263 501 − 69 277 − 87 201

❹ Finde den Fehler und begründe den richtigen Rechenweg. Berechne.

a) 870 − 65 − 30 = 870 − 35 = 835
b) 157 − (41 + 39) = 157 − 41 + 39 = 116 + 39 = 155
c) 281 − 164 + 36 + 19 = (281 + 19) − (164 + 36) = 300 − 200 = 100

3 Addition und Subtraktion

5 Frau Flora betreibt einen Blumenstand am Marktplatz. Sie notiert ihre Einnahmen und Ausgaben an einem Markttag.
Berechne den Kassenstand zum Marktschluss um 17:00 Uhr und ihren Tagesgewinn.
Einlage in der Kasse zu Marktbeginn um 9:00 Uhr: 185 €, Einnahmen am Vormittag: 291 €, Kosten der Blumenlieferung am Mittag: 320 €, Lohn für einen Helfer am Vormittag: 36 €, Einnahmen am Nachmittag: 324 €, Standgebühr für einen Markttag: 25 €.

3.4 Rechenausdrücke mit Klammern

DAS MUSST DU WISSEN — Klammerregeln

Was in Klammern steht, wird zuerst berechnet. Sind mehrere Klammern ineinander geschachtelt, beginnt man mit der innersten Klammer.
Beachte: Klammern dürfen nur weggelassen werden, wenn ein „+"-Zeichen vor der Klammer steht.
Beispiele:
▶ 95 − (17 + 77) = 95 − 94 = 1;
▶ 100 − [85 − (65 + 9)] = 100 − [85 − 74] = 100 − 11 = 89

1 Berechne den Wert des Terms.

a) 87 − (125 − 55)   b) (459 − 317) − 81
c) 9 500 − (87 237 − 82 985)   d) 1 234 + (56 789 − 13 579)
e) (165 470 − 87 235) − (6 327 − 1 765)
f) 756 − (765 − 135) + (98 + 402)
g) 33 262 − [157 528 − (97 430 + 33 625)]
h) (652 + 873) − [(98 + 112) − (600 − 531)]

2 Setze die fehlenden Klammern.

a) 35 − 46 − 11 = 0   b) 19 − 12 + 5 + 7 = 9   c) 27 − 13 − 15 − 11 = 18

3.5 Rechenaufträge übersetzen

3 Finde den Rechenfehler und löse dann richtig.

a) 157 − (88 − 57) = 157 − 88 − 57 = 100 − 88 = 12
b) 198 − (98 + 55) = 198 − 98 + 55 = 100 + 55 = 155

3.5 Rechenaufträge übersetzen

> **DAS MUSST DU WISSEN — Vom Rechenauftrag zum Term**
>
> Rechenaufträge wie „Addiere zur Differenz der Zahlen 134 und 59 die Zahl 75." müssen zum Berechnen erst in einen **Term** (Rechenausdruck) übersetzt werden:
> (134 − 59) + 75

> **DAS MUSST DU WISSEN — So übersetzt du Rechenaufträge**
>
> Hier die Überlegungen in Einzelschritten:
> *Addiere* zur Differenz der Zahlen 134 und 59 die Zahl 75.
> ☐ + ☐   „Addiere" heißt +: es ist eine Summe. Vor und nach dem Pluszeichen lasse ich Platz für die Summanden.
> Addiere *zur Differenz der Zahlen 134 und 59* die Zahl 75.
> (134 − 59) + ☐   „zur Differenz der Zahlen …" heißt: Der 1. Summand ist die Differenz (134 − 59).
> Addiere zur Differenz der Zahlen 134 und 59 *die Zahl 75.*
> (134 − 59) + 75 =   „die Zahl 75" wird addiert, sie ist der 2. Summand.
> 75 + 75 = 150   Jetzt kann ich rechnen.

1 Übersetze in einen Term und berechne anschließend.

a) Addiere zur Summe der Zahlen 78 und 122 die Zahl 450.
b) Subtrahiere von der Differenz der Zahlen 195 und 60 die Zahl 75.
c) Addiere die Differenz der Zahlen 500 und 318 zu der Zahl 612.
d) Subtrahiere die Summe der Zahlen 999 und 9 001 von der Zahl 10 000.

3 Addition und Subtraktion

e) Subtrahiere von der Summe aus 851 und 749 die Summe aus 833 und 742.
f) Addiere die Differenz der Zahlen 97 499 und 72 624 zur Differenz der Zahlen 86 288 und 25 435.

3.6 Addieren und Subtrahieren ganzer Zahlen

BEISPIEL

30 + (−45) = 30 − 45 = −15;   30 − (−45) = 30 + 45 = 75

DAS MUSST DU WISSEN — Rechnen mit ganzen Zahlen

Eine negative Zahl wird addiert, indem man ihre Gegenzahl subtrahiert.

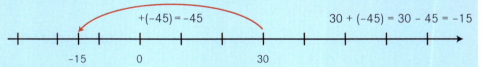

Eine negative Zahl wird subtrahiert, indem man ihre Gegenzahl addiert.

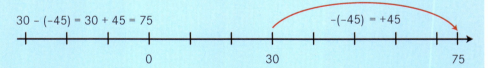

Die Klammern um eine negative Zahl am Anfang eines Rechenausdrucks können weggelassen werden.
Mit den beiden oben genannten Regeln kann man Additions- und Subtraktionsterme mit negativen Zahlen einfacher schreiben.
Beispiele:
▶ (−5) − 12 = −5 − 12 = −17;
▶ (−20) − (−25) + (−40) = −20 + 25 − 40 = −35

3.6 Addieren und Subtrahieren ganzer Zahlen

> **TIPPS UND INFOS** — **Rechenvorteile nutzen bei Termen**
>
> Die Rechengesetze zum vorteilhaften Rechnen beim Addieren gelten auch bei Rechenausdrücken mit ganzen Zahlen.
> Bei Termen mit ganzen Zahlen muss man nicht mehr zwischen Summe und Differenz unterscheiden, da sich jede Differenz auch als Summe schreiben lässt.
> Beispiele:
> ▶ 8 − 13 = 8 + (− 13)
> ▶ −16 − 25 = (− 16) + (− 25)

> **DAS MUSST DU WISSEN** — **Das Kommutativgesetz**[1] ...
>
> ... (oder Vertauschungsgesetz) der Addition
>
> Beim Addieren darf man die Reihenfolge der Summanden **unter Mitnahme ihrer Vorzeichen** verändern, ohne dass sich der Wert der Summe ändert.
> Beispiele:
> ▶ 8 − 13 = 8 + (− 13) = (− 13) + 8 = −13 + 8;
> ▶ − 16 − 25 = (− 16) + (− 25) = (− 25) + (− 16) = − 25 − 16

❶ Zum Aufwärmen: Berechne – möglichst im Kopf.

a) 25 − 33   b) − 32 − 67   c) − 42 + 58
d) − 12 + 16 − 10   e) 80 − 110 − 35   f) − 45 − 22 + 37

❷ Schreibe zuerst ohne Klammern und berechne anschließend.

a) (−25) + 33   b) (− 25) + (− 33)   c) (− 25) − (− 33)
d) 25 − (− 33) + (− 75)   e) − 33 − (− 25) − 15   f) 0 + (− 22) − (− 27)

---

[1] commutare (lat.): vertauschen

3 Addition und Subtraktion

3 Finde die gesuchte Zahl. Veranschauliche auf der Zahlengeraden.

a) Welche Zahl muss ich zu −10 addieren, um 15 zu erhalten?
b) Welche Zahl muss ich zu −10 addieren, um −15 zu erhalten?
c) Welche Zahl muss ich zu 10 addieren, um −15 zu erhalten?
d) Welche Zahl muss ich von 5 subtrahieren, um −12 zu erhalten?
e) Welche Zahl muss ich von 5 subtrahieren, um 12 zu erhalten?
f) Welche Zahl muss ich von −7 subtrahieren, um −14 zu erhalten?

4 Ermittle das Vorzeichen des Ergebnisses und überschlage das Ergebnis.

a) 179 − 210
b) 4 287 + (− 5 823)
c) 4 287 − (− 5 823)
d) (− 31 288) − (− 41 312)
e) 1 690 − (− 3 522) − 1 743

5 Berechne. Wende die Rechengesetze zum vorteilhaften Rechnen an.

a) − 63 − 75 − 37
b) − 88 + 174 + 26
c) 53 − 161 + 47
d) − 315 + 61 − 282 − 177 + 54
e) 723 − 1 692 − 785 − 51 + 315

6 Berechne.

a) − 130 − 76 − (81 + 135)
b) − 154 − 238 − (24 − 137)
c) (54 − 185) − [61 − (− 139)]
d) 87 − [(183 − 218) + 15]

7 Übersetze in einen Term und berechne anschließend.

a) Addiere zur Zahl − 54 die Zahl − 126.
b) Subtrahiere von der Zahl 27 die Zahl − 81.
c) Addiere zur Summe der Zahlen − 178 und 122 die Zahl − 320.
d) Subtrahiere von der Differenz der Zahlen − 95 und − 60 die Zahl 75.
e) Addiere die Differenz der Zahlen 430 und − 212 zu der Zahl − 642.

3 TEST Addition und Subtraktion

Test

1 Rechne nebeneinander.

a) 73 025 + 991 506 + 4 819 |2|
b) 86 472 − 29 973 |2|

2 Stelle die Reihenfolge so um, dass du vorteilhaft rechnen kannst.

a) (683 + 137) + (318 + 63) |3|
b) 15 327 − 4 672 − 7 826 + 145 − 325 |3|

3 Übersetze in einen Term. Du musst nichts rechnen.
Subtrahiere die Summe der Zahlen 714 und 285 von der Differenz der Zahlen 1 111 und 112. |3|

4 Schreibe ohne Klammern und berechne.

a) (−73) + (−54) − (−38) |2|
b) 66 − (−89) − 165 |2|

5 Berechne.

a) 167 − 520 + 81 − 179 |2|
b) −179 − 611 − (−735 − 185) |2|

||21||

Wie viele Punkte hast du? Erreichst du mehr als 16 Punkte, beherrschst du den Inhalt des Kapitels wirklich gut. Erreichst du weniger als 10 Punkte, dann solltest du dieses Kapitel wiederholen.

4 Multiplikation und Division

Das musst du am Ende der Klasse 5 können:
▷ Natürliche und ganze Zahlen multiplizieren und dividieren
▷ Die Fachbegriffe der Multiplikation und Division anwenden
▷ Mit Potenzen rechnen
▷ Klammerausdrücke berechnen
▷ Rechenausdrücke berechnen, in denen alle Grundrechenarten auftreten

4.1 Multiplizieren natürlicher Zahlen

DAS MUSST DU WISSEN — Produkt, Faktor, Wert des Produkts

Rechenausdrücke mit Malzeichen wie $12 \cdot 11$ bezeichnet man als **Produkte**. Die einzelnen Zahlen, die du miteinander multiplizierst (malnimmst), werden **Faktoren** genannt und der Reihe nach abgezählt. Das Ergebnis einer solchen Rechnung heißt **Wert des Produkts**.

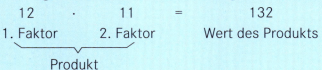

TIPPS UND INFOS — Rechenaufträge formulieren

So kannst du die Aufgabe als Rechenauftrag formulieren:
▶ Berechne den Wert des Produkts der Zahlen 12 und 11.
▶ Multipliziere 12 **mit** der Zahl 11.
Beim letzten Rechenauftrag erkennst du die richtige Reihenfolge der Faktoren: Nach „**mit**" steht immer der 2. Faktor.

4.1 Multiplizieren natürlicher Zahlen

DAS MUSST DU WISSEN — Besonderheiten beim Multiplizieren

▶ Die Multiplikation hilft dir, Additionsaufgaben mit gleichen Summanden kürzer anzuschreiben und auch schneller zu berechnen.
Beispiel: $25 + 25 + 25 + 25 + 25 = 25 \cdot 5 = 125$
   (5 gleiche Summanden)

▶ Bei der Multiplikation mit der Zahl Null ist der Wert des Produkts immer null.
Beispiele: $6 \cdot 0 = 0$; $0 \cdot 16\,483 = 0$; $0 \cdot 34 \cdot 784 = 0$
Mit Platzhaltern: $a \cdot 0 = 0$ und $0 \cdot a = 0$

▶ Bei der Multiplikation mit der Zahl Eins verändert sich nichts.
Beispiele: $65 \cdot 1 = 65$; $1 \cdot 8\,392 = 8\,392$; $6 \cdot 9 \cdot 1 = 6 \cdot 9 = 54$
Mit Platzhaltern: $a \cdot 1 = a$ und $1 \cdot a = a$

▶ Bei der Multiplikation mit einer Stufenzahl werden an den anderen Faktor so viele Nullen angehängt, wie die Stufenzahl selbst hat.
Beispiele: $157 \cdot 10 = 1\,570$; $35 \cdot 100 = 3\,500$; $16 \cdot 1\,000 = 16\,000$

BEISPIEL — Überschlagsrechnung

Runde für die Überschlagsrechnung so, dass du noch im Kopf rechnen kannst. Je genauer du rundest, desto näher ist das Ergebnis der Überschlagsrechnung am richtigen Ergebnis.

$846 \cdot 6 = ?$ Überschlag: $800 \cdot 6 = 4\,800$
$834 \cdot 673 = ?$ Überschlag: $800 \cdot 700 = 560\,000$

1 Rechne möglichst einfach. Denke dabei an die Besonderheiten beim Multiplizieren.

a) $30 + 30 + 30 + 30 + 30 + 30 + 30$
b) $5\,891 \cdot 1\,000$
c) $8\,500 + 8\,500 + 8\,500 + 8\,500$
d) $3 \cdot 0 \cdot 2$

4 Multiplikation und Division

2 Übersetze den Rechenauftrag in einen Rechenausdruck. Beachte dabei die richtige Reihenfolge der Faktoren.

a) Multipliziere die Zahl 125 mit 9.
b) Berechne den Wert des Produkts der Zahlen 15 und 6.
c) Berechne den Wert des Produkts der Zahlen 3, 20 und 15.

3 Multipliziere schriftlich mit einem einstelligen Faktor.

BEISPIEL

$654 \cdot 7 = ?$
Multipliziere den 2. Faktor der Reihe nach mit jeder Stelle des ersten Faktors. Notiere die Einerstelle des Ergebnisses und merke dir den Übertrag.

$654 \cdot 7$ | Einer: $4 \cdot 7 = 28$, schreibe 8 an, merke 2,
4578 | Zehner: $5 \cdot 7 + 2 = 37$, schreibe 7 an, merke 3,
| Hunderter: $6 \cdot 7 + 3 = 45$, schreibe 45 an.

a) $753 \cdot 8$ b) $3562 \cdot 6$ c) $97724 \cdot 3$
d) $3978 \cdot 9$ e) $9904 \cdot 4$

4.2 Vorteilhaft multiplizieren

TIPPS UND INFOS

Die Rechengesetze geben an, wie man Terme einfacher berechnet.

DAS MUSST DU WISSEN — Rechengesetze der Multiplikation

Kommutativgesetz[1] (oder Vertauschungsgesetz) der Multiplikation
Beim Multiplizieren darf man die Reihenfolge der Faktoren verändern, ohne dass sich der Wert des Produkts ändert.
Kurzform: $a \cdot b = b \cdot a$
Beispiel: $8 \cdot 12 = 96$ und $12 \cdot 8 = 96$.

---

[1] commutare (lat.): vertauschen

4.2 Vorteilhaft multiplizieren

Assoziativgesetz[1] **(oder Verbindungsgesetz) der Multiplikation**
Beim Multiplizieren kann man Klammern beliebig setzen oder weglassen, ohne dass sich der Wert des Produkts ändert.
Kurzform: $(a \cdot b) \cdot c = a \cdot b \cdot c = a \cdot (b \cdot c)$
Beispiel: $(15 \cdot 25) \cdot 4 = 15 \cdot 25 \cdot 4 = 15 \cdot (25 \cdot 4) = 1\,500$

Als Zusammenfassung beider Gesetze gilt:
In einem Produkt darf man die Faktoren in beliebiger Reihenfolge multiplizieren. Dabei kann man Klammern beliebig setzen und weglassen. Genau wie bei der Addition kann man auch bei der Multiplikation die Faktoren so umstellen, dass zueinander passende Faktoren nebeneinander stehen und diese dann bevorzugt multipliziert werden.

Distributivgesetz[2] **(oder Verteilungsgesetz) der Multiplikation**
Eine Summe wird mit einer Zahl multipliziert, indem man jeden einzelnen Summanden mit der Zahl multipliziert und dann die Ergebnisse addiert.
Kurzform: $(a + b) \cdot c = a \cdot c + b \cdot c$
Beispiel: $(20 + 35) \cdot 4 = 20 \cdot 4 + 35 \cdot 4$
Das Distributivgesetz gilt auch für Differenzen:
Kurzform: $(a - b) \cdot c = a \cdot c - b \cdot c$
Beispiel: $(40 - 16) \cdot 5 = 40 \cdot 5 - 16 \cdot 5$

DAS MUSST DU WISSEN	Schriftliches Multiplizieren

```
834 · 725                                        Kurzform:  834 · 725
   583 800   Gerechnet wird: 834 · 700 = 583 800              5838
    16 680   Gerechnet wird:  834 · 20 =  16 680              1668
 +   4 170   Gerechnet wird:   834 · 5 =   4170           +   4170
   604 650                                                  604 650
```

Mit einem einstelligen Faktor kannst du gut im Kopf rechnen. Du multiplizierst der Reihe nach den ersten Faktor mit den Hundertern, den

---

[1] associare (lat.): vereinigen, verbinden
[2] distribuere (lat.), to distribute (engl.): verteilen

Multiplikation und Division

Zehnern und den Einern. Achte darauf, dass du zum Addieren der Einzelergebnisse die Stellen richtig untereinander schreibst. (Die Nullen am Ende der Teilergebnisse kannst du auch weglassen.)
Auch beim schriftlichen Rechnen lassen sich **Rechenvorteile** nutzen:

Statt 24 · 5 718 rechnet man so leichter:

```
  5 7 1 8 · 2 4
    1 1 4 3 6
+   2 2 8 7 2
  1 3 7 2 3 2
```

Mit dem Faktor mit weniger Stellen wird weniger oft multipliziert.

Statt 40 006 · 652 rechnet man so leichter:

```
  6 5 2 · 4 0 0 0 6
        2 6 0 8
+           3 9 1 2
  2 6 0 8 3 9 1 2
```

Der Faktor mit Nullen ergibt weniger Rechenschritte.

Statt 223 · 476 rechnet man so leichter:

```
  4 7 6 · 2 2 3
        9 5 2
        9 5 2
+     1 4 2 8
  1 0 6 1 4 8
```

Bei gleichen Ziffern im 2. Faktor kann ein Teilergebnis übernommen werden.

Statt 173 · 452 rechnet man so leichter:

```
  4 5 2 · 1 7 3
        4 5 2
      3 1 6 4
+     1 3 5 6
    7 8 1 9 6
```

Die Eins als erste Ziffer erspart einen Rechenschritt.

1 Rechne schriftlich. Stelle wenn nötig vorher die Reihenfolge so um, dass du vorteilhaft rechnen kannst.

a) 98 325 · 28   b) 281 · 974   c) 2 621 · 80 060
d) 2 300 · 5 005   e) 673 · 9 002   f) 1 453 · 6 524

2 Stelle die Faktoren so um, dass du einfacher rechnen kannst. Welche Rechengesetze wendest du an?

a) (298 · 125) · 8   b) (25 · 7) · (4 · 10)   c) 5 · (25 · 2) · 4

4.3 Potenzen

3 Berechne möglichst im Kopf.

> **BEISPIEL**
>
> 15 · 7 + 25 · 7 = (15 + 25) · 7 = 40 · 7 = 280

a) 6 · 4 + 4 · 4
b) 34 · 9 + 6 · 9
c) 23 · 3 + 17 · 3
d) 44 · 11 + 56 · 11
e) 91 · 22 + 9 · 22
f) 563 · 6 + 137 · 6

4 Überlege ohne zu rechnen, bei welchen Aufgaben der Wert des Produkts gleich ist.

a) (6 · 15) · 7
b) 24 · (12 · 35)
c) (7 · 6) · 15
d) 11 · (15 · 6) · 22
e) (12 · 35) · 24
f) (6 · 11) · (22 · 15)

4.3 Potenzen

DAS MUSST DU WISSEN — Potenz, Basis, Exponent

Eine Potenz besteht aus einer **Grundzahl** (oder **Basis**) und einer **Hochzahl** (oder **Exponent**). Der Exponent gibt an, wie oft die Basis als Faktor genommen werden soll.

Beispiel: 8^5 bedeutet 8 · 8 · 8 · 8 · 8 und wird gelesen: „8 hoch 5".

Basis (Grundzahl)   Exponent (Hochzahl)   5 mal der Faktor 8

Man sagt: Die Zahl 8 wird mit 5 potenziert.

TIPPS UND INFOS

Bei Potenzen darf man Exponent und Basis nicht vertauschen.
Beispiel: 3^5 = 3 · 3 · 3 · 3 · 3 = 243; aber: 5^3 = 5 · 5 · 5 = 125

4 Multiplikation und Division

> **BEISPIEL**
>
> 1. Schreibe als Potenz und berechne: $7 \cdot 7 \cdot 7 \cdot 7 = 7^4 = 2\,401$.
> 2. Löse die Potenz auf und berechne: $6^3 = 6 \cdot 6 \cdot 6 = 216$.
> 3. Potenzen werden zuerst berechnet:
> $6 \cdot 2^4 = 6 \cdot (2 \cdot 2 \cdot 2 \cdot 2) = 6 \cdot 16 = 96$.

1 Schreibe als Potenzen und berechne den Wert der Potenz.

a) $10 \cdot 10 \cdot 10 \cdot 10 \cdot 10$ b) $12 \cdot 12$ c) $2 \cdot 2 \cdot 2 \cdot 2 \cdot 2 \cdot 2$
d) $25 \cdot 25 \cdot 25$ e) Potenziere die Zahl 2 mit 10.

2 Löse die Potenz auf und berechne.

a) 10^3 b) 5^5 c) 11^4 d) $1\,000^2$
e) 8^4 f) 4^8 g) 12^5

3 Berechne und achte dabei auch auf vorteilhaftes Rechnen.

a) $7 \cdot 4^2$ b) $5 \cdot 10^3$ c) $16 \cdot 3^5$
d) $10 \cdot 9^2$ e) $15 \cdot 5^4 \cdot 20$ f) $25 \cdot 6^2 \cdot 4$
g) $2 \cdot 9^3 \cdot 50$ h) $(4 \cdot 6)^2$ i) $180 \cdot (2 \cdot 5)^5$

> **DAS MUSST DU WISSEN**   **Quadratzahlen**
>
> Potenzen mit dem Exponenten 2 nennt man **Quadratzahlen**, weil man mit ihnen den Flächeninhalt eines Quadrates angeben kann.
> Beispiel: 16 ist eine Quadratzahl, da $16 = 4^2$. Statt „16 ist 4 hoch 2" sagt man auch „16 ist 4 Quadrat".

4 Berechne die Quadratzahlen.

a) Zeichne Quadrate mit den Seitenlänge 1, 2, 3, 4 Kästchen und zähle die Kästchen im Innern der Quadrate ab. Was stellst du fest?
b) Schreibe für die Grundzahlen 1 bis 25 alle Quadratzahlen auf.

4.4 Dividieren natürlicher Zahlen

> **DAS MUSST DU WISSEN** — Quotient, Dividend, Divisor
>
> Rechenausdrücke wie 36 : 12 bezeichnet man als **Quotient**. Fachausdrücke sind:
>
>   36   :   12   =   3
> **Dividend Divisor**   Wert des Quotienten
>   Quotient
>
> (Merkhilfe: Dividend steht im Wörterbuch in der alphabetischen Ordnung vor Divisor, genauso steht der Dividend in der Rechnung vor dem Divisor.)

> **TIPPS UND INFOS** — Rechenaufträge formulieren
>
> So kannst du die Aufgabe als Rechenauftrag formulieren:
> ▶ Dividiere 36 **durch** die Zahl 12.
> ▶ Berechne den Wert des Quotienten der Zahlen 36 und 12.
>
> Bei dem ersten Rechenauftrag erkennst du die richtige Reihenfolge der Zahlen so: Nach „**durch**" steht immer der Divisor.

> **DAS MUSST DU WISSEN** — So rechnest du eine „Probe"
>
> Division und Multiplikation sind zueinander umgekehrte Rechenarten. Diesen Zusammenhang kann man nun gut gebrauchen, z. B. wenn man mit einer „Probe" überprüfen will, ob richtig gerechnet wurde.
> Beispiel:
> 5 · 8 = 40
>
>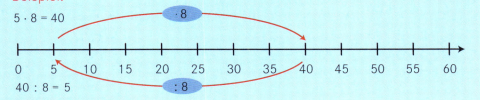
>
> 40 : 8 = 5

Multiplikation und Division

DAS MUSST DU WISSEN — Besonderheiten bei der Division

Wenn die Zahl Null in einem Quotienten auftritt:

▶ Es ist 24 : 6 = 4, weil 4 · 6 = 24 ist.
 Genauso ist 0 : 6 = 0, weil 0 · 6 = 0 ist.
 Es gilt deshalb für jede positive Zahl:
 Null dividiert durch irgendeine positive Zahl ergibt immer null.

▶ Dagegen kann man für die Aufgabe 6 : 0 kein Ergebnis finden, weil es keine Zahl gibt, die mit 0 multipliziert 6 ergibt. Auch 0 : 0 bedeutet keine Zahl.
 Durch null kann man nicht dividieren.

DAS MUSST DU WISSEN — Rechengesetze der Division

Schau dir zunächst folgende Beispiele an:
▶ Es ist 16 : 8 = 2, aber 8 : 16 ergibt keine natürliche Zahl.
▶ Es ist (120 : 60) : 2 = 2 : 2 = 1, aber es ist
 120 : (60 : 2) = 120 : 30 = 4.

Die Beispiele zeigen: Bei der Division dürfen Dividend und Divisor nicht vertauscht werden. Die Veränderung der Klammersetzung ist ebenfalls nicht erlaubt.

Distributivgesetz [1] (oder Verteilungsgesetz) der Division
Eine Summe wird durch eine Zahl dividiert, indem man jeden einzelnen Summanden durch die Zahl dividiert und dann die Ergebnisse addiert.
Kurzform: $(a + b) : c = a : c + b : c$
Beispiel: $(16 + 36) : 4 = 16 : 4 + 36 : 4$
Das Distributivgesetz gilt auch für Differenzen:
Kurzform: $(a - b) : c = a : c - b : c$
Beispiel: $(40 - 25) : 5 = 40 : 5 - 25 : 5$

[1] distribuere (lat.), to distribute (engl.): verteilen

4.4 Dividieren natürlicher Zahlen

> **DAS MUSST DU WISSEN** — **Schriftliches Dividieren**
>
> Nach und nach werden Vielfache des Divisors vom Dividenden subtrahiert.
>
> Beispiele:
>
> ```
>   1 5 4 7 2 2 : 321 = 482           5 6 7 2 : 1 9 = 298 Rest 10
>  - 1 2 8 4          = 4 · 321      - 3 8            = 2 · 19
>    ‾‾‾‾‾‾‾                           ‾‾‾‾
>    2 6 3 2                           1 8 7
>   - 2 5 6 8         = 8 · 321      - 1 7 1          = 9 · 19
>    ‾‾‾‾‾‾‾                           ‾‾‾‾
>      6 4 2                           1 6 2
>    -  6 4 2         = 2 · 321      - 1 5 2          = 8 · 19
>      ‾‾‾‾‾                           ‾‾‾‾
>          0                           1 0
> ```
>
> Die Division geht nur dann ohne Rest auf, wenn der Dividend ein Vielfaches des Divisors ist.

❶ Schreibe als Quotient und berechne seinen Wert.

a) Dividiere 5 005 durch 5.   **b)** Dividiere 8 888 durch 11.
c) Berechne den Wert des Quotienten der Zahlen 150 000 und 75.

❷ Berechne und beachte die Besonderheiten beim Dividieren.

a) 0 : 78   **b)** 763 : 763   **c)** (652 : 2) : 163
d) (800 : 200) : 4   **e)** 800 : (200 : 4)

❸ Rechne schriftlich.

a) 10 775 : 25   **b)** 51 984 : 57   **c)** 26 944 : 32   **d)** 196 854 : 327
e) 156 066 : 222   **f)** 4 601 553 : 451   **g)** 6 592 : 16   **h)** 12 345 : 23

❹ Schreibe eine passende Divisionsaufgabe mit Platzhalter und finde die fehlende Zahl durch eine „Probe".

a) Eine Zahl wird durch 74 dividiert. Der Wert des Quotienten ist 35.
b) Der Wert des Quotienten ist 420, der Dividend ist 52 080.

4 Multiplikation und Division

4.5 Rechenausdrücke mit Klammern

DAS MUSST DU WISSEN — Klammerregeln

Was in Klammern steht, wird zuerst berechnet. Sind mehrere Klammern ineinander geschachtelt, beginnt man mit der innersten Klammer.

Beispiele:
- ▶ (16 · 25) · (80 000 : 125) = 400 · 640 = 256 000;
- ▶ (6^5 : 18) : [(135 : 5) · 8] = (7 776 : 18) : [27 · 8] = 432 : 216 = 2

Klammern bei Termen mit Quotienten dürfen nicht verändert werden.

TIPPS UND INFOS — Rechnung und Nebenrechnung

In der fortlaufenden Rechnung stehen nur die Ergebnisse der einzelnen Rechenschritte. Nebenrechnungen fertigst du wie immer an einem abgeteilten Platz auf deiner Heftseite an.

1 Berechne.

a) 750 : (15 · 5)
b) (990 : 33) · 111
c) (368 375 : 421) : 875
d) 43 200 : (24 · 25)
e) 100 · [510 : (17 · 2)]
f) [(15 600 : 150) · 14] : 56

2 Gib an, ob der Term ein Produkt oder ein Quotient ist.

a) 144 : (6 · 4)
b) (4 000 : 250) · 125
c) 4 680 : (270 : 6)
d) (88 · 70) : (55 · 112)
e) [(5^4 · 16) : 80] · (4 · 200)
f) [48 · (444 : 74)] : (792 : 99)

3 Setze die fehlenden Klammern.

a) 27 : 9 · 3 = 9
b) 100 : 5 · 4 : 2 = 10
c) 12 · 14 : 7 · 6 : 2 = 2

4.6 Rechenaufträge übersetzen

DAS MUSST DU WISSEN — Vom Rechenauftrag zum Term

Rechenaufträge wie „Dividiere die Potenz 6 hoch 3 durch das Produkt aus 12 und 9." müssen zum Berechnen erst in einen **Term** (Rechenausdruck) übersetzt werden: $6^3 : (12 \cdot 9)$.

DAS MUSST DU WISSEN — So übersetzt du Rechenaufträge

Dividiere die Potenz 6 hoch 3 durch das Produkt aus 12 und 9.
☐ : ☐   „Dividiere" heißt: Es ist ein Quotient.
Dividiere *die Potenz 6 hoch 3* durch das Produkt aus 12 und 9.
6^3 : ☐   „die Potenz 6 hoch 3" heißt: die Ausgangszahl (der Dividend) ist 6^3.
Dividiere die Potenz 6 hoch 3 *durch das Produkt aus 12 und 9.*
$6^3 : (12 \cdot 9) =$ „durch das Produkt aus 12 und 9" wird dividiert, das
$216 : 108 = 2$ Produkt $(12 \cdot 9)$ ist also der Divisor. Jetzt rechne ich aus.

Tipp: Nach **„mit"** steht immer der 2. Faktor. Und nach **„durch"** findest du den Divisor.

❶ Übersetze in einen Term und berechne anschließend.

a) Dividiere das Produkt der Zahlen 195 und 60 durch 390.
b) Multipliziere den Quotienten der Zahlen 476 und 7 mit 4^5.
c) Dividiere das Produkt aus 10^4 und 15 durch das Produkt der Zahlen 200 und 75.

❷ Schreibe als Rechenauftrag.

a) $875 : (25 \cdot 5)$ b) $(256 : 32) \cdot 125$ c) $(72 \cdot 75) : (27 \cdot 40)$
d) $(3^4 \cdot 16) : 72$ e) $(120 : 24) \cdot (17 \cdot 2)$ f) $(15^2 \cdot 3^3) : 25$

Multiplikation und Division

4.7 Verbindung der Grundrechenarten

TIPPS UND INFOS — Vorrangregeln für das Rechnen mit Termen

1. Klammern zuerst. Bei mehreren Klammern beginne mit der innersten.
2. Potenzen vor Punktrechnungen (· und :), Punktrechnungen vor Strichrechnungen (+ , –).
3. Bei Termen ohne Klammern rechne der Reihe nach von links nach rechts.

DAS MUSST DU WISSEN — Das Distributivgesetz[1] (Verteilungsgesetz)

Bei Rechenausdrücken mit mehreren Rechenarten gilt das Distributivgesetz (oder Verteilungsgesetz). Man kann es in verschiedenen Formen schreiben: Eine Summe wird mit einer Zahl multipliziert, indem man jeden einzelnen Summanden mit der Zahl multipliziert und dann die Ergebnisse addiert.

$(a + b) \cdot c = a \cdot c + b \cdot c$ Beispiel: $(11 + 30) \cdot 8 = 11 \cdot 8 + 30 \cdot 8$
Weitere Formen des Distributivgesetzes sind:
$(a + b) : c = a : c + b : c$ Beispiel: $(27 + 42) : 3 = 27 : 3 + 42 : 3$;
$(a - b) \cdot c = a \cdot c - b \cdot c$ Beispiel: $(100 - 18) \cdot 5 = 100 \cdot 5 - 18 \cdot 5$;
$(a - b) : c = a : c - b : c$ Beispiel: $(200 - 45) : 5 = 200 : 5 - 45 : 5$.
In umgekehrter Richtung gelesen wird das Distributivgesetz beim **Ausklammern** angewandt:
$3 \cdot 17 + 7 \cdot 17 = (3 + 7) \cdot 17 = 10 \cdot 17 = 170$;
$216 : 9 - 36 : 9 = (216 - 36) : 9 = 180 : 9 = 20$.
Das Distributivgesetz kannst du vor allem beim Kopfrechnen anwenden.
$205 \cdot 15 = (200 + 5) \cdot 15 = 200 \cdot 15 + 5 \cdot 15 = 3000 + 75 = 3075$
$291 \cdot 8 = (300 - 9) \cdot 8 = 300 \cdot 8 - 9 \cdot 8 = 2400 - 72 = 2328$

---

[1] distribuere (lat.), to distribute (engl.): verteilen

4.7 Verbindung der Grundrechenarten

1 Berechne.

a) 235 − 16 · 3
b) 7 · (2 + 4 · 2)
c) 6 · 7 − 32 : 4^2
d) 426 + (72 · 38 − 1 376)
e) 320 : [(24 − 8) · 4]
f) (4 096 : 256) · (26 − 16)
g) 9 999 + 3 622 : (3 066 − 251 · 5)
h) 105 : 15 − 1 234 · [32 − (4 + 4 · 7)]

2 Nutze das Distributivgesetz und berechne möglichst im Kopf.

a) 8 · 144 + 8 · 56
b) 312 : 12 − 72 : 12
c) 75 · 6 + 135 · 6

3 Übersetze in einen Term und berechne anschließend.

a) Addiere zum Produkt der Zahlen 13 und 17 den Quotienten aus 279 und 31.
b) Multipliziere die Summe der Zahlen 9 753 und 2 468 mit der Differenz derselben Zahlen.
c) Dividiere die Differenz der Zahlen 8 767 und 3 583 durch das Produkt der Zahlen 16 und 9.
d) Subtrahiere die fünffache Summe der Zahlen 179 und 98 vom Produkt aus 19 und der Summer der Zahlen 9 und 84.
e) Multipliziere die dritte Potenz von 4 mit der Summe aus 84 und 46 und dividiere das Ergebnis durch die Differenz aus 1 900 und 236.

4 Setze Klammern so ein, dass die Rechnung stimmt.

a) 47 − 13 · 3 = 102
b) 108 : 28 − 16 = 9
c) 36 + 3 : 13 : 3 = 1

4.8 Multiplizieren und Dividieren ganzer Zahlen

BEISPIEL

$-6 \cdot (-4) = +24$
$16 \cdot (-2) = (+16) \cdot (-2) = -32$
$-8 \cdot 5 = -8 \cdot (+5) = -40$

$-35 : (-7) = +5$
$24 : (-3) = (+24) : (-3) = -8$
$-45 : 9 = -45 : (+9) = -5$

DAS MUSST DU WISSEN — Ganze Zahlen multiplizieren und dividieren

Ganze Zahlen werden zuerst ohne Beachtung der Vorzeichen multipliziert bzw. dividiert. Das Ergebnis ist
- **positiv,** wenn beide Zahlen das gleiche Vorzeichen besitzen,
- **negativ,** wenn die beiden Zahlen unterschiedliche Vorzeichen besitzen.

Kurzform:

minus mal minus = plus mal plus = plus
„–"   ·   „–"   =   „+"   ·   „+"   =   „+"

minus durch minus = plus durch plus = plus
„–"   :   „–"   =   „+"   :   „+"   =   „+"

minus mal plus = plus mal minus = minus
„–"   ·   „+"   =   „+"   ·   „–"   =   „–"

minus durch plus = plus durch minus = minus
„–"   :   „+"   =   „+"   :   „–"   =   „–"

Bei der **Multiplikation mehrerer Faktoren** gilt: Das Ergebnis ist
- **positiv,** wenn die Anzahl der negativen Faktoren gerade ist,
- **negativ,** wenn die Anzahl der negativen Faktoren ungerade ist.

4.8 Multiplizieren und Dividieren ganzer Zahlen

Beispiele:
- $(-2) \cdot (+4) \cdot (-5) = +40$
  Das Ergebnis ist positiv, da die Anzahl der negativen Faktoren gerade ist.
- $10 \cdot (-3) \cdot (-2) \cdot (-5) = -300$.
  Das Ergebnis ist negativ, da die Anzahl der negativen Faktoren ungerade ist.

DAS MUSST DU WISSEN — Potenzen

Bei Potenzen mit negativen Zahlen als Basis ist das Ergebnis
- **positiv,** wenn der Exponent eine gerade Zahl ist,
- **negativ,** wenn der Exponent eine ungerade Zahl ist.

Beispiele:
- $(-2)^4 = (-2) \cdot (-2) \cdot (-2) \cdot (-2) = +16$
  Der Exponent 4 ist eine gerade Zahl, die Anzahl der negativen Faktoren ist also gerade: Das Ergebnis ist positiv.
- $(-5)^3 = (-5) \cdot (-5) \cdot (-5) = -125$
  Der Exponent 3 ist eine ungerade Zahl, die Anzahl der negativen Faktoren ist also ungerade: Das Ergebnis ist negativ.

DAS MUSST DU WISSEN — Die Rechengesetze

Kommutativgesetz[1] **(oder Vertauschungsgesetz) der Multiplikation**
Kurzform: $a \cdot b = b \cdot a$
Beispiel: $(-8) \cdot 12 = -96$ und $(-12) \cdot 8 = -96$

Assoziativgesetz[2] **(oder Verbindungsgesetz) der Multiplikation**
Kurzform: $(a \cdot b) \cdot c = a \cdot b \cdot c = a \cdot (b \cdot c)$
Beispiel:
$[(-15) \cdot (-25)] \cdot 4 = (-15) \cdot (-25) \cdot 4 = (-15) \cdot [(-25) \cdot 4] = 1\,500$

---

[1] commutare (lat.): vertauschen
[2] associare (lat.): vereinigen, verbinden

4 Multiplikation und Division

Distributivgesetz[1] **(oder Verteilungsgesetz)**
▶ **bei der Multiplikation:**
$(a + b) \cdot c = a \cdot c + b \cdot c$
Beispiel: $(11 + 30) \cdot (-8) = 11 \cdot (-8) + 30 \cdot (-8)$
$(a - b) \cdot c = a \cdot c - b \cdot c$
Beispiel: $(-80 - 18) \cdot (-5) = (-80) \cdot (-5) - 18 \cdot (-5)$
▶ **bei der Division:**
$(a + b) : c = a : c + b : c$
Beispiel: $(27 + 42) : (-3) = 27 : (-3) + 42 : (-3)$
$(a - b) : c = a : c - b : c$
Beispiel: $(90 - 45) : (-5) = 90 : (-5) - 45 : (-5)$

1 Bestimme zuerst das Vorzeichen und rechne dann im Kopf.

a) $-8 \cdot 6$
b) $-8 \cdot (-6)$
c) $42 : (-7)$
d) $-42 : (-7)$
e) $14 \cdot (-1) \cdot (-5)$
f) $(-3)^5$
g) $0 : (-125)$
h) $-88 : (-11) \cdot (-7)$
i) $(-1)^{12}$
j) $(-2) \cdot 7^2$
k) $1 \cdot (-2) \cdot 3 \cdot (-4) \cdot 5 \cdot (-6)$

2 Berechne.

a) $-196 : 14$
b) $345 \cdot (-42)$
c) $-12\,288 : 192$
d) $-54 \cdot (-11)$
e) $(-12) \cdot (-14) \cdot (-21)$
f) $375 : (-25) \cdot (-5) + 25$
g) $375 : [(-25) \cdot (-5)] + 25$

3 Welche Behauptung ist wahr? Welche ist falsch? Entscheide ohne Rechnung.

a) $-9 \cdot 20 < 9 \cdot 20$
b) $-30 \cdot (-15) > -30 \cdot 15$
c) $45 : (-5) > 45 : 9$
d) $23 \cdot (-27) > (-23) \cdot 25$
e) $480 : (-24) = -240 : 12$
f) $180 : 15 > 180 : (-12)$

---

[1] distribuere (lat.), to distribute (engl.): verteilen

4.8 Multiplizieren und Dividieren ganzer Zahlen

4 Berechne. Wende die Rechengesetze zum vorteilhaften Rechnen an.

a) $-4 \cdot (-17) \cdot (-25)$ b) $5 \cdot (-82) \cdot (-20)$ c) $14 \cdot 36 - 19 \cdot 36$
d) $60 \cdot (-3) - 35 \cdot (-3)$ e) $16 \cdot (-14) + 16 \cdot 19$ f) $-20 \cdot 215 - 400 \cdot (-20)$

5 Berechne durch Ausmultiplizieren.

a) $(-9 - 11) \cdot 8$ b) $(-40) \cdot (12 + 11)$ c) $(-25) \cdot [-8 + (-12)]$
d) $(-4) \cdot [(-15) - (-45)]$ e) $[(-36) + 64] \cdot 5$ f) $[25 - (-45)] \cdot (-2)$

6 Übersetze in einen Term und berechne anschließend.

a) Subtrahiere vom Produkt aus (−12) und 25 die Zahl (−150).
b) Dividiere die Differenz aus (−8) und (−43) durch die Zahl (−7).
c) Addiere zum Quotienten aus (−527) und (−31) das Produkt der Zahlen (−9) und 17.
d) Subtrahiere die Summe der Zahlen (−278) und 88 vom Quotienten aus 164 und (−4).
e) Multipliziere die Differenz der Zahlen 168 und (−232) mit dem Produkt aus (−4) hoch 3 und der Zahl (−2).
f) Dividiere die Summe der Zahlen (−840) und 1 842 durch die Differenz der Zahlen 141 und (−26).

4 TEST Multiplikation und Division

Test

1 Multipliziere. Achte dabei auf Rechenvorteile.

a) (125 · 25) · (8 · 4) |2|
b) 1 013 · 4 823 |2|

2 Löse die Potenz auf und berechne.

a) $5^4 \cdot 200$ |2|
b) $(-3)^3 \cdot 2^6$ |2|

3 Berechne.

a) (77 : 11) · (187 · 6) |3|
b) (17 − 3 · 4) + [135 : (9 · 5)] |4|

4 Nutze das Distributivgesetz und berechne.

a) 16 · 55 − 16 · 25 |2|
b) (88 + 66) : 22 |2|

5 Übersetze in einen Term. Du musst nichts rechnen.
Multipliziere den Quotienten der Zahlen 900 und 60 mit 5^4. |2|

6 Rechnen mit ganzen Zahlen.

a) (−5) · (−3) · (−1) · 20 |2|
b) (−2 · 5) · $(−2)^5$ |2|
c) −7 · 25 − 1 200 : (−8) |3|

||28||

Wie viele Punkte hast du? Erreichst du mehr als 21 Punkte, beherrschst du den Inhalt des Kapitels wirklich gut. Erreichst du weniger als 14 Punkte, dann solltest du dieses Kapitel wiederholen.

5 Geometrische Grundformen

Das musst du am Ende der Klasse 5 können:
▷ Körper, Flächen und Linien benennen und beschreiben
▷ Geometrische Grundbegriffe und Schreibweisen anwenden
▷ Mit dem Geodreieck Parallele, Senkrechte und Winkel zeichnen
▷ Im Koordinatensystem Zeichnungen erstellen und Werte entnehmen
▷ Winkel benennen, unterscheiden und messen

5.1 Körper

DAS MUSST DU WISSEN	Geometrische Körper

Regelmäßig geformte Gegenstände nennt man in der Mathematik **geometrische Körper**. Die wichtigsten Körper nennen wir **Grundkörper**.

DAS MUSST DU WISSEN	Grundkörper

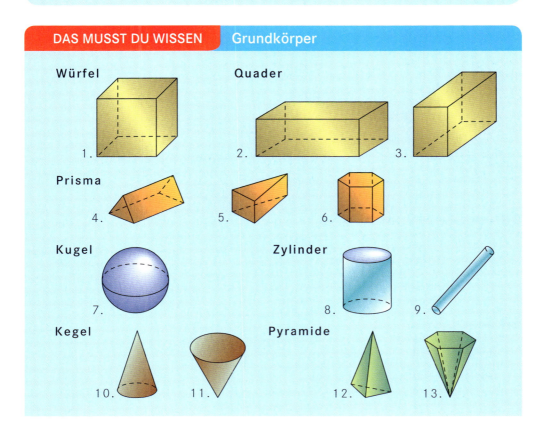

5 Geometrische Grundformen

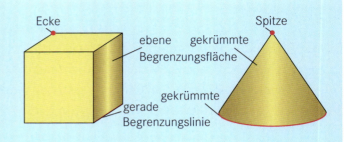

Körper werden von **Flächen** begrenzt. Es gibt **ebene** und **gekrümmte Begrenzungsflächen**. Wo zwei Flächen zusammentreffen, entsteht eine **Begrenzungslinie (Kante)**. Es gibt **gerade** und **gekrümmte Begrenzungslinien**.
Treffen sich zwei Kanten, entsteht eine **Ecke**. Bei gekrümmten Begrenzungsflächen kann eine **Spitze** entstehen (z. B. beim Kegel).

TIPPS UND INFOS — So zeichnest du ein Schrägbild

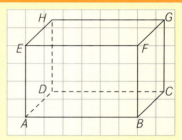

Bei einem **Schrägbild** werden die waagerechten und senkrechten Kanten des Körpers in richtiger Größe gezeichnet, die senkrecht nach hinten verlaufenden Kanten meist längs Kästchendiagonalen und so verkürzt, dass 1 cm im Schrägbild die Länge einer Kästchendiagonalen hat.

1 Die Grundkörper

Gib in einer Tabelle für die Grundkörper aus der Abbildung auf Seite 61 jeweils die Anzahl der Ecken, Flächen und Kanten sowie die Art der Flächen und Kanten an. (Spitzen werden als Ecken gezählt.)

2 Schrägbilder

a) Zeichne ein Schrägbild eines Würfels der Kantenlänge 4 cm.
b) Zeichne ein Schrägbild eines Quaders, der 5 cm lang, 3 cm breit und 4 cm hoch ist.

5.2 Flächen

| DAS MUSST DU WISSEN | Begrenzungsflächen der Körper |

Als Begrenzungsflächen der Körper treten **ebene Flächen** und **gekrümmte Flächen** auf.

| DAS MUSST DU WISSEN | Flächen unterscheiden |

Ebene Begrenzungsflächen:

- Quadrat
- Rechteck
- Dreieck
- Sechseck
- Kreis

Diese **gekrümmten Begrenzungsflächen** treten bei Grundkörpern auf:

Die Kugeloberfläche: Die Mantelfläche des Zylinders: Die Mantelfläche des Kegels:

5 Geometrische Grundformen

DAS MUSST DU WISSEN — Das Netz eines Quaders

Das **Netz** eines Körpers erhält man, wenn man seine Begrenzungsflächen in eine Ebene umklappt.

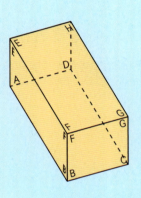
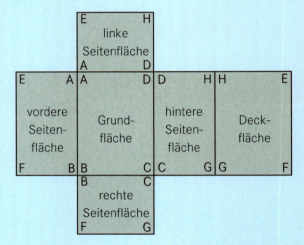

Das **Netz eines Quaders** besteht aus sechs Rechtecken, von denen je zwei gleich sind. Netze des gleichen Körpers können verschieden aussehen.

1 Wie heißen die Begrenzungsflächen der Grundkörper?
Gib in einer Tabelle für die Grundkörper aus der Abbildung auf Seite 61 jeweils an, welche Begrenzungsflächen sie besitzen.

2 Fragen zu den Grundkörpern und ihren Begrenzungsflächen

a) Welcher Grundkörper hat nur Quadrate als Begrenzungsflächen?
b) Welche Grundkörper haben Kreise als Begrenzungsflächen?
c) Welche Grundkörper haben Dreiecke als Begrenzungsflächen?
d) Welche Grundkörper haben gekrümmte Begrenzungsflächen?
e) Welche Grundkörper haben fünf Begrenzungsflächen?
f) Welche Grundkörper haben nur ebene Begrenzungsflächen?

5.2 Flächen

3 Zwei ausgewählte Grundkörper

a) Wie heißen diese Körper?
b) Wie viele Ecken, Kanten und Begrenzungsflächen hat jeder Körper?
c) Wie heißen die Begrenzungsflächen?

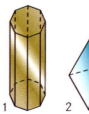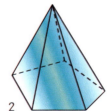

4 Richtig oder falsch?

a) Jedes Rechteck ist ein Quadrat.
b) Bei einem Prisma sind zwei Flächen gleiche n-Ecke.
c) Eine Pyramide hat vier Dreiecke als Begrenzungsflächen.
d) Die gekrümmte Fläche eines Zylinders lässt sich in ein Rechteck abwickeln.
e) Ein Körper, der nur Dreiecke als Begrenzungsflächen hat, ist eine Pyramide.

5 Netze von Würfel und Quader

a) Welche Abbildung ist kein Würfelnetz bzw. Quadernetz?

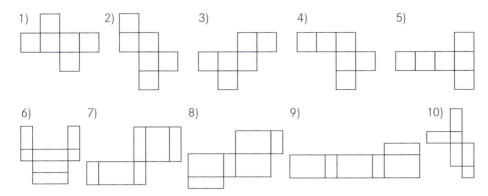

b) Zeichne zwei verschiedene Netze eines Würfels der Kantenlänge 3 cm.
c) Zeichne zwei verschiedene Netze eines Quaders, der 4 cm lang, 3 cm breit und 2 cm hoch ist.

5.3 Kanten und Linien, senkrecht und parallel

TIPPS UND INFOS — Kantenmodelle

Bei Körpern mit geraden Begrenzungslinien verwendet man oft Kantenmodelle:

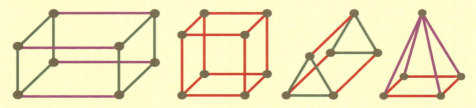

Bei den Grundkörpern treten als Begrenzungslinien außer **Kanten** auch **Kreislinien** auf. Bei den Grundformen der ebenen Flächen treten ferner **Dreiecks-**, **Vierecks-** und **Viellickslinien** als Begrenzungslinien auf.

DAS MUSST DU WISSEN — Senkrecht und parallel bei Körpern

Bei Körpern mit ebenen Begrenzungsflächen und geraden Begrenzungslinien treten Flächen und Linien auf, die **zueinander senkrecht** (⊥) bzw. **zueinander parallel** (∥) sind.

Beispiel:
An der Ecke A sind zueinander senkrecht:
▶ die Flächen ABCD, ABFE und AEHD
▶ die Kanten $\overline{AB}$, $\overline{AD}$ und $\overline{AE}$ [1]

Zueinander parallel sind:
▶ die Flächen ABCD und EFGH bzw. die Flächen ABFE und DCGH
▶ die Kanten $\overline{AB}$, $\overline{DC}$, $\overline{HG}$ und $\overline{EF}$ bzw. $\overline{AE}$, $\overline{BF}$, $\overline{CG}$ und $\overline{DH}$ bzw. $\overline{AD}$, $\overline{BC}$, $\overline{FG}$ und $\overline{EH}$

---

[1] In manchen Büchern findet man andere Schreibweisen (s. S. 112).

5.3 Kanten und Linien, senkrecht und parallel

1 Zueinander senkrecht, zueinander parallel.

a) Welche Kanten sind zur Kante $\overline{DH}$ senkrecht?
b) Welche Flächen sind zu CGHD senkrecht?
c) Welche Kanten sind zur Kante $\overline{HG}$ parallel?
d) Welche Flächen sind zu CGHD parallel?

DAS MUSST DU WISSEN — Linien in der Ebene

▶ Die gerade Verbindungslinie zweier Punkte heißt **Strecke**.
Beispiel: A   a = $\overline{AB}$ B

Für die Streckenlänge schreibt man: $\overline{AB}$ = 4 cm.

▶ Eine unendlich lange gerade Linie ohne Anfangs- und Endpunkt heißt **Gerade**.
Beispiel: A   g = AB   B

▶ Eine unendlich lange gerade Linie mit einem Anfangspunkt und ohne Endpunkt heißt **Halbgerade**.
Beispiel: A   h = [AB   B

▶ Alle Punkte der Zeichenebene, die von einem Punkt M dieselbe Entfernung r haben, bilden die **Kreislinie** k um den **Mittelpunkt** M mit dem **Radius** r.

Kreislinie k(M; r)
Mittelpunkt M
Radius r
Durchmesser d

▶ Die Kennzeichnung, ob ein Punkt auf einer Linie liegt, erfolgt mit den Zeichen ∈ oder ∉.
Beispiel: B ∈ AB; M ∉ k(M; r)

5 Geometrische Grundformen

▶ Überkreuzen sich zwei Linien, so haben sie einen gemeinsamen Punkt, den man **Schnittpunkt** nennt.
Beispiel: $g \cap h = \{S\}$

2 Übertrage in dein Heft und setze das richtige Zeichen ($\in$, $\notin$) ein.

a) $E \;\square\; AC$ b) $E \;\square\; k$
c) $C \;\square\; \overline{AE}$ d) $B \;\square\; k$

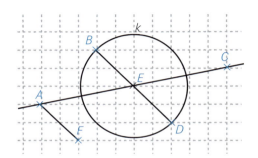

3 Übertrage in dein Heft und ergänze.

a) $AC \cap \overline{BD} =$ _____
b) $k \cap$ _____ $= \{B; D\}$
c) $\overline{AF} \cap EC =$ _____
d) $\overline{ED} \cap \overline{AE} =$ _____

DAS MUSST DU WISSEN **Senkrecht und parallel bei Linien**

Strecken, Geraden und Halbgeraden können auch zueinander senkrecht ($\perp$) oder parallel ($\parallel$) sein.
Beispiele:

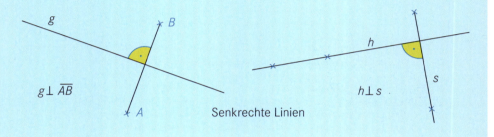

Senkrechte Linien

5.3 Kanten und Linien, senkrecht und parallel

Parallele Linien

Eine Gerade, die zu einer anderen geraden Linie senkrecht ist, nennt man **Lotgerade** oder kurz **Lot** bzw. **Senkrechte**. Ist eine Gerade zu einer anderen geraden Linie parallel, nennt man sie **Parallele**.

TIPPS UND INFOS — Geodreieck richtig nutzen

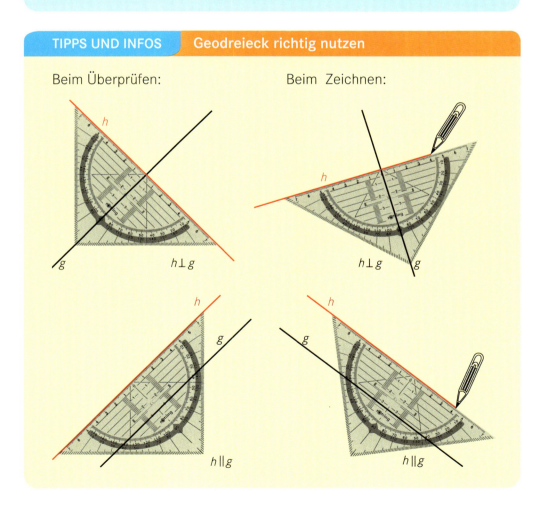

5 Geometrische Grundformen

4 Überprüfe, welche Linien zueinander senkrecht bzw. parallel sind.

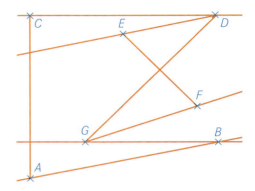

5 Zeichne in dein Heft.

a) Zwei zueinander senkrechte Strecken.
b) Zwei zueinander senkrechte Geraden.
c) Zwei zueinander parallele Strecken.
d) Zwei zueinander parallele Geraden.

5.4 Arbeiten im Koordinatensystem

DAS MUSST DU WISSEN — Arbeiten mit Koordinaten

Zwei zueinander senkrechte Zahlengeraden, die sich an ihren Nullpunkten schneiden, bilden ein **Koordinatensystem.** Ihr Schnittpunkt O heißt **Ursprung.** Die waagerechte Zahlengerade heißt **x-Achse**, die vertikale Zahlengerade heißt **y-Achse.** Die Achsen unterteilen die Zeichenebene in vier **Quadranten,** die entgegen dem Uhrzeigersinn gezählt werden.

Jeder Punkt kann eindeutig mit seinen **Koordinaten** angegeben werden, wobei zuerst die **x-Koordinate** und dann die **y-Koordinate** notiert wird.

Beispiel: $P(4|-2)$, $Q(-5|3)$

5.4 Arbeiten im Koordinatensystem

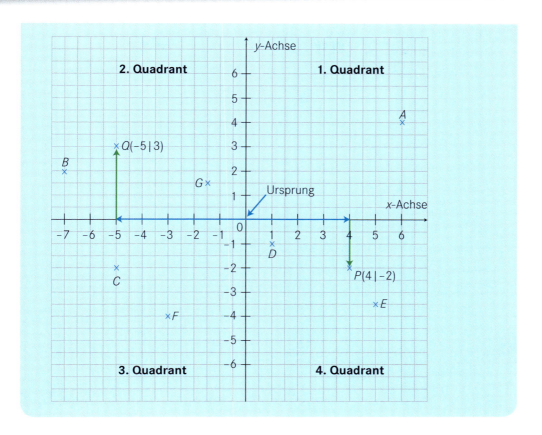

① Gib die Koordinaten der anderen Punkte A bis G an.

② Zeichne ein Koordinatensystem, bei dem eine Längeneinheit 1 cm entspricht und die beiden Achsen jeweils 10 LE lang sind.
Trage folgende Punkte ein: $A(2|1)$; $B(8|1)$; $C(2|3)$; $D(7|4)$; $E(0|5)$; $F(3|5)$; $G(6|7)$; $H(8|8)$; $I(4|9)$; $K(8|9)$.

a) Welche Punkte sind Eckpunkte des Quadrats? Welche Punkte sind Eckpunkte eines Rechtecks? Zeichne dann das Rechteck und das Quadrat ein.
b) Verbinde die drei restlichen Punkte geradlinig miteinander.
c) Bestimme die Umfänge von Quadrat, Rechteck und Dreieck.

5 Geometrische Grundformen

3 Zeichne folgende Punkte in ein Koordinatensystem ein, wobei eine Längeneinheit 1 cm entspricht.
$P(16|8)$; $Q(13|11)$; $R(9|12)$; $S(1|8)$; $T(1|5)$; $U(4|2)$; $V(7|2)$; $W(16|5)$.

a) Zeichne die Strecke $s = \overline{SV}$, die Gerade $h = UP$, die Gerade $g = WR$ und die Strecke $a = \overline{TQ}$.
b) Es entstehen die folgenden Schnittpunkte: $s \cap h = \{A\}$, $g \cap h = \{B\}$, $g \cap a = \{C\}$ und $s \cap a = \{D\}$. Gib die Koordinaten der Punkte A, B, C und D an.
c) Bestimme den Umfang des Vierecks ABCD.
d) Gib an, welche Linien zueinander parallel sind.
e) Zeichne die Lotgerade zu $\overline{SV}$ durch R und die Lotgerade zu RW durch U.
f) Gib an, welche Linien zu RD senkrecht sind und welche Linien zu UQ senkrecht sind.

4 Zeichne ein Koordinatensystem wie auf Seite 71 und trage dann die folgenden Punkte ein.
$A(-5|-5)$; $B(1|-2)$; $C(4|1)$; $E(4|4)$; $G(-8|1)$; $H(-2|-5)$

a) Zeichne $\overline{AB}$, $\overline{GH}$, die Parallele p zu AB durch E und die Parallele q zu $\overline{GH}$ durch C. Gib die Koordinaten der vier Schnittpunkte an.
b) Gib die Koordinaten des Schnittpunkts D der y-Achse mit q an.
c) Zeichne das Lot l von G auf die x-Achse und gib die Koordinaten des Schnittpunkts F von l mit p an.

5.5 Winkel

DAS MUSST DU WISSEN — Schenkel, Scheitel, Winkelfeld

Zwei Halbgeraden mit gemeinsamem Anfangspunkt bilden einen **Winkel**. Die Halbgeraden heißen **1. Schenkel** und **2. Schenkel**, der gemeinsame Anfangspunkt heißt **Scheitel**. Den Bereich zwischen den Schenkeln nennt man **Winkelfeld**.

5.5 Winkel

DAS MUSST DU WISSEN — Aufbau eines Winkels

(Abbildung: Winkel mit Scheitel, 1. Schenkel, 2. Schenkel und Winkelfeld)

Winkel werden mit kleinen griechischen Buchstaben bezeichnet:
α Alpha β Beta γ Gamma δ Delta ε Epsilon φ Phi ω Omega
In der Mathematik werden Winkel (sofern nicht anders angegeben) gegen den Uhrzeigersinn gezeichnet und gemessen.

DAS MUSST DU WISSEN — Winkelmessung

Die Einheit der Winkel ist **Grad**. 1 Grad (1°) ist der 360. Teil des Vollwinkels, bei dem der 2. Schenkel auf dem ersten Schenkel zu liegen kommt.

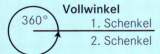

Vollwinkel 360°
1. Schenkel
2. Schenkel

Einheitswinkel 1°
S

Zur Winkelmessung verwenden wir den Winkelmesser des Geodreiecks.
Das Geodreieck wird so angelegt, dass die Linealkante längs des 1. Schenkels verläuft und die Null auf dem Scheitel des Winkels liegt. Auf der äußeren Skala wird dann gemessen.

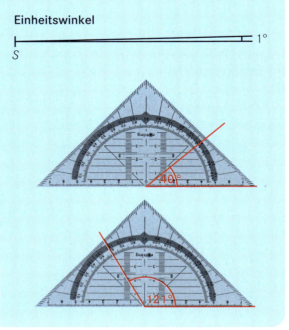

5 Geometrische Grundformen

DAS MUSST DU WISSEN — Bezeichnungen für Winkel

Man kann Winkel statt mit griechischen Buchstaben auch auf folgende Arten bezeichnen:

▶ durch zwei Halbgeraden, die Schenkel.

▶ durch drei Punkte.

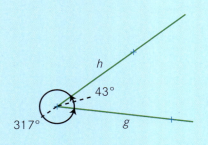

∢(g, h) = 43°, ∢(h, g) = 317°

∢ACB = 115°, ∢BCA = 245°

Beachte die Reihenfolge:
▶ 1. Schenkel, 2. Schenkel

Beachte die Reihenfolge:
▶ Punkt auf dem 1. Schenkel, Scheitel, Punkt auf dem 2. Schenkel

DAS MUSST DU WISSEN — Winkelarten

Man unterscheidet Winkel nach ihren Größen:

Nullwinkel	Spitzer Winkel	Rechter Winkel	Stumpfer Winkel
$\alpha = 0°$	$0° < \beta < 90°$	$\gamma = 90°$	$90° < \delta < 180°$

5.5 Winkel

Gestreckter Winkel	Überstumpfer Winkel	Vollwinkel
$\varepsilon = 180°$	$180° < \varphi < 360°$	$\omega = 360°$

1 Schätze die Winkel in der Zeichnung zuerst, gib dann die Winkelart an und miss die Winkel.

2 Zeichne den Winkel und gib die
Winkelart an.

a) 60° b) 135°
c) 20° d) 99°
e) 275° f) 210°

3 Winkel im Dreieck und Viereck

a) Zeichne ein Dreieck ABC und miss die Winkel ∢BAC, ∢CBA und ∢ACB.
b) Zeichne ein Viereck ABCD und miss die Winkel ∢BAD, ∢CBA, ∢DCB und ∢ADC.

4 Geradenkreuzung

a) Zeichne zwei sich schneidende Geraden und miss die Winkel.
b) Was fällt dir auf?
c) Überprüfe dies an zwei anderen sich schneidenden Geraden.

5 Geometrische Grundformen

5 Bestimme die Größe des Winkels, den der große Uhrzeiger als 1. Schenkel mit dem kleinen Uhrzeiger als 2. Schenkel einschließt.

a) um 10 Uhr   b) um 8 Uhr   c) um 5 Uhr
d) um 2 Uhr   e) um 3:30 Uhr   f) um 8:30 Uhr

6 Gestreckter Winkel

Die drei Winkel α, β und γ ergeben zusammen einen gestreckten Winkel. Ergänze die Tabelle.

	α	β	γ
a)	27°		71°
b)		90°	35°
c)	100°	$\beta = \gamma$	
d)	$\alpha = \beta$	$\beta = \gamma$	

7 Vollwinkel

Die drei Winkel α, β und γ ergeben zusammen einen Vollwinkel. Ergänze die Tabelle.

	α	β	γ
a)	137°	97°	
b)	180°		37°
c)	$\alpha = \beta$		210°
d)	$\alpha = \beta$	$\beta = \gamma$	

5 TEST Geometrische Grundformen

Test

1 Körper, Flächen und Linien

a) Wie heißen die Körper (Schrägbild), Flächen (blau) und Linien (grün)? |5|

b) Welche Körper haben zueinander parallele bzw. zueinander senkrechte Flächen? |5|

c) Welche Körper haben zueinander parallele bzw. zueinander senkrechte Kanten? |5|

d) Welche Flächen sind nicht eben? |3|

e) Welche Körper haben ein Netz aus vier (fünf) Flächen? |2|

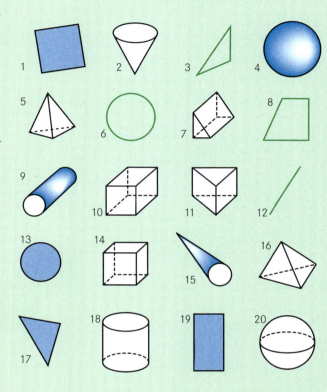

2 Netz und Schrägbild

a) Zeichne ein Netz eines Quaders, der 3 cm lang, 2 cm breit und 4 cm hoch ist. |5|

b) Zeichne ein Schrägbild eines Quaders, der 3,5 cm lang, 2 cm breit und 2,5 cm hoch ist. |5|

5 TEST Geometrische Grundformen

❸ Zusammengesetzte Körper

a) Gib jeweils an, aus welchen Grundkörpern
sie zusammengesetzt sind. |4|

b) Wie viele Ecken hat jeder Körper? |4|

c) Wie viele Begrenzungslinien hat jeder Körper? |4|

d) Wie viele Begrenzungsflächen hat jeder Körper und
wie heißen die Begrenzungsflächen? |4|

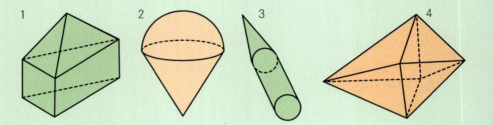

❹ Arbeiten im Koordinatensystem

a) Zeichne folgende Punkte in ein Koordinatensystem ein:
$A(5|5)$, $B(-3|5)$, $C(-3|1)$, $D(5|1)$, $Z(1|-3)$. |3|

b) Zeichne AC und BD ein und gib die Koordinaten ihres
Schnittpunktes S an. |2|

c) Zeichne die Lotgerade g auf AC durch Z und die Lotgerade h auf BD
durch Z. |2|

d) Zeichne die Parallele p zu AC durch D und
die Parallele q zu BD durch C. |2|

e) Trage die Winkel ∢CAZ = α, ∢ASB = β, ∢BZA = γ und ∢CBA = δ
ein und miss sie. |4|

f) Was kann über das Viereck ABCD ausgesagt werden? |2|

g) Zeichne die Kreislinie um $M(1|0)$ mit Radius $r = 3\,cm$. |2|

h) Welche Punkte liegen auf $k(M; r)$? |3|

||66||

Wie viele Punkte hast du? Erreichst du mehr als 50 Punkte, beherrschst du den Inhalt des Kapitels wirklich gut. Erreichst du weniger als 32 Punkte, dann solltest du dieses Kapitel wiederholen.

6 Flächen- und Volumenmessungen

Das musst du am Ende der Klasse 5 können:
▷ Flächen- und Volumenangaben umwandeln und mit ihnen rechnen
▷ Den Flächeninhalt von ebenen Grundformen (Rechteck, Quadrat, rechtwinkliges Dreieck und Parallelogramm) berechnen
▷ Den Flächeninhalt bei zusammengesetzten Figuren bestimmen
▷ Die Oberfläche und das Volumen von Quader und Würfel berechnen
▷ Das Volumen bei zusammengesetzten Körpern bestimmen

6.1 Flächeneinheiten

TIPPS UND INFOS

Um eine Fläche auszumessen, nehmen wir als Maßeinheit z. B. ein Quadrat mit der Seitenlänge 1 mm oder 1 cm oder 1 dm oder …

$1\,m^2$ 1 a   1 ha $1\,km^2$

DAS MUSST DU WISSEN — Flächeneinheiten umwandeln

Das Quadrat mit der Seitenlänge 1 cm hat den Flächeninhalt $1\,cm^2$ (lies: „Quadratzentimeter"). Quadrate mit einer Längeneinheit als Seitenlänge nennt man auch **Einheitsquadrate**. Sie legen eine Flächeneinheit fest.
Ein Quadrat mit der Seitenlänge

    1 m   10 m   100 m   1 000 m = 1 km

hat den Flächeninhalt

    $1\,m^2$ 1 a   1 ha $1\,km^2$
Quadratmeter   Ar   Hektar   Quadratkilometer

6 Flächen- und Volumenmessungen

Und immer gilt: Jeweils 100 Quadrate einer Flächeneinheit füllen das Quadrat der nächstgrößeren Einheit vollständig aus. Es gilt also:

$1\,km^2 = 100\,ha$
$1\,ha = 100\,a$
$1\,a = 100\,m^2$
$1\,m^2 = 100\,dm^2$
$1\,dm^2 = 100\,cm^2$
$1\,cm^2 = 100\,mm^2$.

Das 100-Fache einer Einheit ergibt immer die nächstgrößere Einheit. Die **Umrechnungszahl** in die benachbarte Flächeneinheit ist immer **100**.

Beim Wechsel in die **nächstgrößere** Einheit musst du deshalb die Maßzahl durch 100 **dividieren**.

Tipp: Division durch 100 bedeutet, dass die Maßzahl zwei Nullen verliert. In der Kommaschreibweise wird das Dezimalkomma um zwei Stellen nach links verschoben.

Beispiele:
$725\,000\,mm^2 = 7\,250\,cm^2 = 72,5\,dm^2 = 0,725\,m^2$;
$350\,000\,cm^2 = 3\,500\,dm^2 = 35\,m^2 = 0,35\,a$;
$5\,218\,400\,m^2 = 52\,184\,a = 521,84\,ha = 5,2184\,km^2$

Beim Wechsel in die **nächstkleinere** Einheit musst du die Maßzahl mit 100 **multiplizieren**.

Tipp: Multiplikation mit 100 bedeutet, dass an die Maßzahl zwei Nullen angehängt werden. In der Kommaschreibweise wird das Dezimalkomma um zwei Stellen nach rechts verschoben.

Beispiele:
$924\,m^2 = 92\,400\,dm^2 = 9\,240\,000\,cm^2 = 924\,000\,000\,mm^2$;
$6,53\,ha = 653\,a = 65\,300\,m^2 = 6\,530\,000\,dm^2$;
$536\,km^2 = 53\,600\,ha = 5\,360\,000\,a = 536\,000\,000\,m^2$

6.1 Flächeneinheiten

Merke: Beim Umwandeln der Flächeneinheiten und bei der Angabe in Kommaschreibweise helfen **Einheitentafeln**.
Ist ein Dezimalkomma nötig, so wird es am Übergang zwischen zwei Einheiten gesetzt. Fehlende Nullen müssen dann ergänzt werden.

ha		a		m^2		dm^2		cm^2		mm^2		
						1	3	0	0	7		$1\,dm^2\,30\,cm^2\,7\,mm^2$ = $1{,}3007\,dm^2$
				9	0	5						$9\,m^2\,5\,dm^2 = 9{,}05\,m^2$
0	2	1	0	4	8	0						$21\,a\,4\,m^2\,80\,dm^2$ = $21{,}0480\,a = 0{,}210\,480\,ha$

❶ Wandle in die nächstgrößere Einheit um. Setze die Umwandlung so weit wie möglich fort.

a) $840\,000\,mm^2$ b) $7\,500\,dm^2$ c) $506\,000\,m^2$
d) $800\,200\,a$ e) $47\,500\,ha$ f) $650\,040\,000\,dm^2$

❷ Wandle in die nächstkleinere und in die nächstgrößere Einheit um.

a) $76\,cm^2$ b) $874\,dm^2$ c) $9\,601\,m^2$ d) $80\,000\,a$
e) $66\,ha$ f) $73\,km^2$ g) $57{,}6\,m^2$ h) $73{,}056\,dm^2$

❸ Wandle in die in Klammern angegebene Einheit um.

a) $36\,ha\,[m^2]$ b) $86\,400\,a\,[dm^2]$ c) $9\,870\,000\,mm^2\,[m^2]$
d) $45\,dm^2\,[mm^2]$ e) $6\,km^2\,[a]$ f) $450\,000\,dm^2\,[a]$

6 Flächen- und Volumenmessungen

DAS MUSST DU WISSEN — Umrechnen in gemischte Einheiten

Man zerlegt so, dass teilweise umgewandelt werden kann.
Beispiel:
$673\,dm^2 = 600\,dm^2 + 73\,dm^2$ Ich zerlege und wandle $600\,dm^2$ um.
$ = 6\,m^2 + 73\,dm^2$ Im Ergebnis wird das „+"-Zeichen
$ = 6\,m^2\ 73\,dm^2$ weggelassen.

Das Umwandeln geht schneller, wenn du die Einheitentafel verwendest oder wie bei ihr von **rechts** her die Maßzahl in Zweiergruppen einteilst. Jeder Zweiergruppe wird dann ausgehend von der ursprünglichen Maßeinheit schrittweise die jeweils nächstgrößere Maßeinheit zugeordnet:

Beispiele: km^2 ha   a m^2
$3\,349\,504\,m^2$ =   3   34   95 $04\,m^2$ = $3\,km^2\ 34\,ha\ 95\,a\ 4\,m^2$;

$ m^2$ dm^2 cm^2
$870\,535\,cm^2$ =   87   05 $35\,cm^2$ = $87\,m^2\ 5\,dm^2\ 35\,cm^2$.

4 Schreibe in gemischten Einheiten.

a) $9\,834\,m^2$ b) $1\,001\,mm^2$ c) $90\,086\,cm^2$
d) $7\,080\,032\,dm^2$ e) $895\,623\,a$ f) $12\,345\,ha$
g) $1\,400\,001\,cm^2$ h) $6\,050\,300\,dm^2$ i) $9\,182\,004\,m^2$

TIPPS UND INFOS — In die kleinste Einheit umwandeln

Man kann einen Flächeninhalt, der in gemischten Einheiten angegeben ist, auch in die kleinste vorkommende Einheit umwandeln.
Beispiele:
▶ $7\,m^2\ 6\,dm^2 = 7\,m^2 + 6\,dm^2$ Ich wandle die $7\,m^2$ in dm^2 um:
$ = 700\,dm^2 + 6\,dm^2$ Zwei Nullen anhängen und dann
$ = 706\,dm^2$ addieren.
▶ $12\,a\ 4\,m^2\ 75\,dm^2 = 12\,a + 4\,m^2 + 75\,dm^2$
$ = 120\,000\,dm^2 + 400\,dm^2 + 75\,dm^2$
$ = 120\,475\,dm^2$

6.2 Flächenberechnungen

5 Wandle in die kleinste vorkommende Einheit um.

a) 4 a 56 m² b) 36 m² 75 dm² c) 4 m² 20 cm²
d) 12 km² 36 a e) 3 m² 89 dm² 75 cm² f) 6 ha 25 a 8 m²

6 Wandle in die in Klammern angegebene Einheit um.

a) 4 km² 36 ha [a] b) 76 ha 8 a [m²]
c) 98 m² 8 dm² [cm²] d) 82 m² 98 cm² [mm²]
e) 55 a 8 m² [cm²] f) 6 km² 5 a 85 m² [cm²]

7 Große und kleine Flächen

DIN-A4-Blatt: 624 cm²
Tennisfeld (Doppel): 260 m² 76 dm²
Fläche von Europa: 10 000 000 km²
Oberfläche der Erde: 510 000 000 km²
Landfläche der Erde: 149 000 000 km²

a) Wie viele DIN-A4-Blätter überdecken ein Tennisfeld?
b) Welcher Anteil der Oberfläche der Erde ist Land bzw. Wasser (Angabe in Prozent)?
c) Welchen Anteil hat Europa an der Erdoberfläche bzw. an der Landfläche der Erde?
d) Suche die Flächen der übrigen Erdteile und ordne sie der Größe nach.

6.2 Flächenberechnungen

BEISPIEL — **Flächenberechnung**

Florians Zimmer ist rechteckig und hat eine Länge von 4 m und eine Breite von 355 cm.
Flächenberechnung: $A_R = a \cdot b = 4\,m \cdot 355\,cm = 400\,cm \cdot 355\,cm$
$= 142\,000\,cm^2 = 1\,420\,dm^2 = 14{,}2\,m^2$.
Florians Zimmer hat einen Flächeninhalt von $14{,}2\,m^2$.

6 Flächen- und Volumenmessungen

DAS MUSST DU WISSEN — So berechnest du Flächeninhalte

Für den **Flächeninhalt A_R eines Rechtecks** mit der Länge a und der Breite b gilt:
A_R = Länge · Breite; $A_R = a \cdot b$.
Beispiel: $a = 6\,cm$; $b = 3\,cm$:
Flächeninhalt $A_R = a \cdot b = 6\,cm \cdot 3\,cm = 18\,cm^2$.

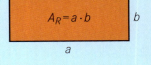

Für den **Flächeninhalt A_Q eines Quadrats** mit der Seitenlänge a gilt:
A_Q = Seitenlänge · Seitenlänge; $A_Q = a \cdot a = a^2$.
Beispiel: $a = 12\,cm$: Flächeninhalt $A_Q = a \cdot a$
$= 12\,cm \cdot 12\,cm = 144\,cm^2$.

Bei einem **rechtwinkligen Dreieck** ist der Flächeninhalt halb so groß wie der eines Rechtecks, das aus den beiden aufeinander senkrecht stehenden Seiten des Dreiecks gebildet wird.
Beispiel: $A = (3\,cm \cdot 6\,cm) : 2 = 18\,cm^2 : 2 = 9\,cm^2$

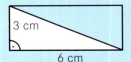

Ein **Parallelogramm** kann man in ein flächengleiches Rechteck verwandeln: Dazu wird auf der einen Seite ein rechtwinkliges Dreieck abgeschnitten und auf der anderen Seite angesetzt.
Beispiel: $A = (2\,cm \cdot 5\,cm) = 10\,cm^2$

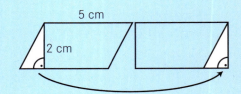

Zum Rechnen müssen die beiden Seitenlängen dieselbe Einheit haben – wo es nötig ist, musst du entsprechend umwandeln. Der berechnete Flächeninhalt hat dann die zugehörige Flächeneinheit:

Seitenlängen in	mm	cm	dm	m	km
ergeben einen Flächeninhalt in	mm²	cm²	dm²	m²	km²

6.2 Flächenberechnungen

1 Berechne den Flächeninhalt des Rechtecks.

	a)	b)	c)	d)	e)
Länge a	16 cm	40 mm	25 dm	5 m 4 dm	450 m
Breite b	11 cm	12,5 cm	75 cm	2 m 25 cm	265 m

2 Berechne den Flächeninhalt des Quadrats.

a) $a = 14$ cm   b) $a = 35$ dm   c) $a = 2$ m 90 cm   d) $a = 14,3$ m

---

DAS MUSST DU WISSEN — Berechnung einer Seitenlänge

Aus dem Flächeninhalt und einer Seitenlänge lässt sich für ein Rechteck die andere Seitenlänge berechnen.
Beispiel: Rechteck mit Flächeninhalt $A_R = 32$ cm², Länge $a = 8$ cm.
Breite b = Flächeninhalt A_R : Länge $a = 32$ cm² : 8 cm = 4 cm.
Beachte: Flächeninhalt und Länge müssen in zueinander passenden Einheiten angegeben sein. Du musst also eventuell umrechnen.
Beispiel: Rechteck mit Flächeninhalt $A_R = 4$ dm², Breite $b = 8$ cm.
Länge a = Flächeninhalt A_R : Breite $b = 4$ dm² : 8 cm = 400 cm² : 8 cm
= 50 cm.

TIPPS UND INFOS — Umfang bei Rechteck und Quadrat

Für den **Umfang eines Rechtecks** gilt:
$u_R = 2 \cdot a + 2 \cdot b = 2 \cdot (a + b)$.

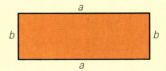

Für den **Umfang eines Quadrats** gilt:
$u_Q = 4 \cdot a$.

6 Flächen- und Volumenmessungen

3 Bei den Angaben für ein Rechteck fehlen Größen. Berechne sie.

	a)	b)	c)	d)	e)
Länge a	16 cm	8 dm	?	2,5 m	?
Breite b	8 cm	15 cm	16 cm	?	350 m
Flächeninhalt A_R	?	?	8 dm²	375 dm²	?
Umfang u_R	?	?	?	?	2,5 km

4 Berechne die fehlenden Größen für das Quadrat.

	a)	b)	c)	d)	e)
Länge a	25 mm	3,5 m	?	?	?
Flächeninhalt A_Q	?	?	?	196 cm²	4 a
Umfang u_Q	?	?	3,2 m	?	?

5 Gleicher Umfang und unterschiedlicher Flächeninhalt
Zeichne alle Rechtecke mit dem Umfang u_R = 24 cm, bei denen die Seitenlängen ganzzahlig sind, und berechne ihren Flächeninhalt.
Wie viele verschiedene Rechtecke findest du?

6 Rechtwinkliges Dreieck und Rechteck

a) Verbinde in einem Koordinatensystem (Längeneinheit 1 cm) die Punkte $A(1|2)$, $B(8|2)$ und $C(1|5)$ zu einem rechtwinkligen Dreieck. Bestimme die Längen der zueinander senkrechten Seiten.
b) Ergänze das Dreieck zu einem Rechteck. Welchen Flächeninhalt hat das Dreieck, welchen das Rechteck?

7 Parallelogramm
Zeichne ein Parallelogramm, dessen eine Seite 7 cm lang ist und das einen Flächeninhalt von 28 cm² besitzt. Wie viele Möglichkeiten findest du?

6.3 Flächeninhalt bei zusammengesetzten Figuren

TIPPS UND INFOS

Den Flächeninhalt zusammengesetzter Figuren berechnet man durch **Zerlegung** oder **Ergänzung**.

DAS MUSST DU WISSEN — Die Zerlegungsmethode

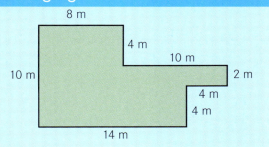

Man zerlegt die zu berechnende Fläche in einzelne Teilflächen (z. B. Rechtecke) und berechnet deren Flächeninhalt. Anschließend werden die Inhalte der Teilflächen addiert.

Beispiel: Gesucht ist der Flächeninhalt eines Gartens mit obigem Plan. Die Gesamtfläche wird in Rechtecke zerlegt.

Zerlegung 1:   Zerlegung 2:

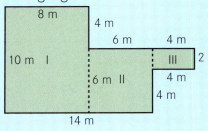 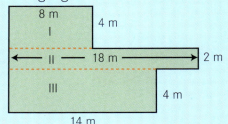

Berechnung der Teilflächen: Manche der Seitenlängen müssen dazu erst aus den gegebenen Längen erschlossen werden.

$A = A_I + A_{II} + A_{III}$
$= 10\,m \cdot 8\,m + 6\,m \cdot 6\,m + 4\,m \cdot 2\,m$
$= 80\,m^2 + 36\,m^2 + 8\,m^2 = 124\,m^2$

$A = A_I + A_{II} + A_{III}$
$= 8\,m \cdot 4\,m + 18\,m \cdot 2\,m + 14\,m \cdot 4\,m$
$= 32\,m^2 + 36\,m^2 + 56\,m^2 = 124\,m^2$

Beide Zerlegungen führen zum gleichen Ergebnis: Es ist also von der Art der Zerlegung unabhängig.

6 Flächen- und Volumenmessungen

DAS MUSST DU WISSEN — Die Ergänzungsmethode

Man ergänzt das zu berechnende Flächenstück zu einem Rechteck. Von dessen Flächeninhalt werden die Flächeninhalte der ergänzten Flächenstücke subtrahiert.

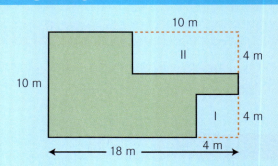

$A = A_R - (A_I + A_{II})$
$ = 18\,m \cdot 10\,m - (4\,m \cdot 4\,m + 10\,m \cdot 4\,m)$
$ = 180\,m^2 - (16\,m^2 + 40\,m^2) = 124\,m^2$

Da man bei beiden Methoden das gleiche Ergebnis erhält, wählst du bei den Aufgaben jeweils den Rechenweg, der dir am günstigsten erscheint.

1 Bestimme die Flächeninhalte der gezeichneten Figuren.
Die Maße sind jeweils in cm angegeben. Einige Seitenlängen musst du aus den angegebenen Maßen errechnen. Welche Methode ist günstiger?

a)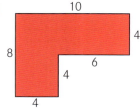

b)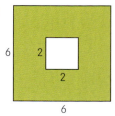

c)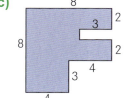

d)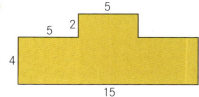

6.4 Die Oberfläche von Quader und Würfel

> **DAS MUSST DU WISSEN — Der Oberflächeninhalt**
>
> Der **Oberflächeninhalt** eines Körpers ist die **Summe der Flächeninhalte** seiner **Begrenzungsflächen** (s. S. 63).

> **DAS MUSST DU WISSEN — Oberflächenberechnung**
>
> Die Oberfläche eines Würfels mit der Kantenlänge a besteht aus sechs gleichen Quadraten mit der Seitenlänge a.
>
>
>
> Für **den Oberflächeninhalt** O_W des Würfels gilt daher:
> $O_W = 6 \cdot a \cdot a = 6 \cdot a^2$.
>
> Die Oberfläche eines Quaders besteht aus sechs Rechtecken, die paarweise gleich sind:
>
>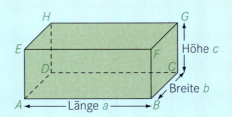
>
> 2 · Grundfläche + 2 · vordere Seitenfläche + 2 · rechte Seitenfläche.
> Für den **Oberflächeninhalt** O_Q des Quaders gilt daher:
> $O_Q = 2 \cdot a \cdot b + 2 \cdot a \cdot c + 2 \cdot b \cdot c$.
>
> **Beachte:** Ist ein Körper aus Würfeln und Quadern zusammengesetzt, werden bei der Berechnung der Oberflächen alle außenliegenden Flächenstücke der Teilkörper einzeln berechnet und addiert.

1 Berechne die Oberfläche eines Würfels mit der Kantenlänge a.

a) $a = 4\,\text{cm}$ b) $a = 5\,\text{dm}$ c) $a = 5{,}3\,\text{cm}$ d) $a = 7\,\text{dm}\ 5\,\text{cm}$

6 Flächen- und Volumenmessungen

2 Berechne die Oberfläche eines Quaders mit den gegebenen Maßen.

	a)	b)	c)	d)
Länge a	5 dm	3 m	25 cm	2 m
Breite b	2 dm	2,5 m	12 cm	5 dm
Höhe c	3 dm	2 m	8 dm	1,5 m

3 Berechne die Oberfläche des Körpers. Alle Maßangaben sind in cm angegeben.

a)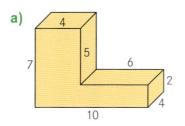

b)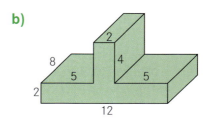

6.5 Volumeneinheiten

TIPPS UND INFOS — Einheitswürfel

Als Vergleichsgröße für den Rauminhalt oder das **Volumen** verwendet man **Einheitswürfel**, bei denen die Kantenlänge genau 1 Längeneinheit ist: also 1 mm oder 1 cm oder 1 dm oder ...

1 mm³   1 cm³   1 dm³ = 1 Liter   1 m³

6.5 Volumeneinheiten

DAS MUSST DU WISSEN — Volumeneinheiten umwandeln

Der Würfel mit der Kantenlänge 1 cm hat das Volumen 1 cm³ (lies: „Kubikzentimeter"). Und immer gilt: Jeweils 1 000 Würfel einer Volumeneinheit füllen den Würfel der nächstgrößeren Einheit vollständig aus. Es gilt also:
$1\,m^3 = 1000\,dm^3$
$\qquad 1\,dm^3 = 1000\,cm^3$
$\qquad\qquad 1\,cm^3 = 1000\,mm^3$

Das 1 000-Fache einer Einheit ergibt immer die nächstgrößere Einheit.
Ausnahme: $1\,km^3 = 1\,000\,000\,000\,m^3 = 1\,000 \cdot 1\,000 \cdot 1\,000\,m^3$

Die **Umrechnungszahl** in die benachbarte Volumeneinheit ist **1 000**.

Beim Wechsel in die **nächstgrößere** Einheit musst du deshalb die Maßzahl durch 1 000 **dividieren.**
Tipp: Division durch 1 000 bedeutet, dass die Maßzahl drei Nullen verliert. In der Kommaschreibweise wird das Dezimalkomma um drei Stellen nach links verschoben.
Beispiele:
$8\,000\,cm^3 = 8\,dm^3 = 0{,}008\,m^3$;
$45\,000\,cm^3 = 45\,dm^3 = 45\,l$;
$170\,000\,000\,mm^3 = 170\,000\,cm^3 = 170\,dm^3 = 0{,}17\,m^3$

Beim Wechsel in die **nächstkleinere** Einheit musst du die Maßzahl mit 1 000 **multiplizieren.**
Tipp: Multiplikation mit 1000 bedeutet, dass an die Maßzahl drei Nullen angehängt werden. In der Kommaschreibweise wird das Dezimalkomma um drei Stellen nach rechts verschoben.
Beispiele:
$4\,m^3 = 4\,000\,dm^3 = 4\,000\,000\,cm^3 = 4\,000\,000\,000\,mm^3$;
$5{,}83\,m^3 = 5\,830\,dm^3 = 5\,830\,000\,cm^3$;
$500\,l = 500\,dm^3 = 500\,000\,cm^3$

6 Flächen- und Volumenmessungen

Merke: Beim Umwandeln der Volumeneinheiten und bei der Angabe in Kommaschreibweise helfen **Einheitentafeln.**
Ist ein Dezimalkomma nötig, so wird es am Übergang zwischen zwei Einheiten gesetzt. Fehlende Nullen müssen dann ergänzt werden.

m^3			dm^3			cm^3			mm^3			
					1	2	0	3	0	5	5	$1\,dm^3\ 203\,cm^3\ 55\,mm^3$ $= 1{,}203055\,dm^3$
		9	0	5	0							$9\,m^3\ 50\,dm^3 = 9{,}05\,m^3$
		0	0	1	4	8	0	0				$14\,dm^3\ 800\,cm^3$ $= 0{,}0148\,m^3$

Weiter werden noch die Einheiten 1 Liter (1 l), ein Hektoliter (1 hl) und 1 Milliliter (1 ml) verwendet.
Für sie gelten: $1\,l = 1\,dm^3 = 1\,000\,ml$, $1\,hl = 100\,l$, $1\,ml = 1\,cm^3$.
Die Vorsilbe „hekto" bedeutet das 100-Fache und „milli" das Tausendstel.

hl		l		ml			
		3	5	3	9	5	35 395 ml = 35,395 l
2	9	5	1	4	0	0	2 951 400 ml = 2 951,4 l = 29,514 hl

❶ Wandle (eventuell mehrmals) in die nächstgrößere Einheit um.

a) $37\,000\,mm^3$ b) $47\,000\,cm^3$ c) $2\,050\,000\,dm^3$
d) $70\,040\,000\,cm^3$ e) $32\,650\,000\,000\,cm^3$

❷ Wandle in die nächstkleinere und in die nächstgrößere Einheit um.

a) $37\,cm^3$ b) $458\,dm^3$ c) $2\,202\,m^3$
d) $7\,500\,m^3$ e) $6\,006\,dm^3$ f) $7\,km^3$

6.5 Volumeneinheiten

> **DAS MUSST DU WISSEN — Umwandlung in gemischte Einheiten**
>
> Man zerlegt die Größe so, dass teilweise in die größere Einheit umgewandelt werden kann. Im Ergebnis stehen dann gemischte Einheiten.
> Beispiel:
> $4155\,dm^3 = 4000\,dm^3 + 155\,dm^3$ Ich zerlege und wandle $4000\,dm^3$ um.
> $\quad\quad\quad\; = 4\,m^3 + 155\,dm^3$ Im Ergebnis wird das „+"-Zeichen
> $\quad\quad\quad\; = 4\,m^3\; 155\,dm^3$ weggelassen.
>
> **Tipp:** Das Umwandeln geht schneller, wenn du die Einheitentafel verwendest oder wie bei ihr von **rechts** her die Maßzahl in Dreiergruppen einteilst. Jeder Dreiergruppe wird dann ausgehend von der ursprünglichen Maßeinheit schrittweise die jeweils nächstgrößere Maßeinheit zugeordnet.
> Beispiel: $\quad\quad\quad\;\; dm^3 \quad cm^3 \quad mm^3$
> $30\,407\,043\,mm^3 = \;30\quad 407\quad 043\,mm^3 = 30\,dm^3\; 407\,cm^3\; 43\,mm^3$

❸ Schreibe in gemischten Einheiten.

a) $8432\,cm^3$ b) $3004\,dm^3$ c) $240\,387\,mm^3$ d) $4387\,l$

> **TIPPS UND INFOS — In die kleinste Einheit umwandeln**
>
> Umgekehrt kann man ein Volumen, das in gemischten Einheiten angegeben ist, auch in die kleinste vorkommende Einheit umwandeln.
> Beispiel:
> $6\,m^3\; 975\,dm^3 = 6\,m^3 + 975\,dm^3$ Ich wandle die m^3 in dm^3 um.
> $\quad\quad\quad\quad\;\; = 6000\,dm^3 + 975\,dm^3$ 3 Nullen anhängen und dann
> $\quad\quad\quad\quad\;\; = 6975\,dm^3$ addieren.

❹ Wandle in die kleinste vorkommende Einheit um.

a) $1\,m^3\; 730\,dm^3$ b) $400\,dm^3\; 25\,cm^3$ c) $6\,m^3\; 370\,dm^3\; 40\,cm^3$
d) $75\,dm^3\; 15\,mm^3$ e) $4\,m^3\; 5\,cm^3$ f) $47\,m^3\; 1\,dm^3\; 65\,mm^3$

6 Flächen- und Volumenmessungen

6.6 Volumenberechnungen

DAS MUSST DU WISSEN — Volumen von Quadern und Würfeln

Für das **Volumen V_Q eines Quaders** mit der Länge a, Breite b und Höhe c gilt:
V_Q = Länge · Breite · Höhe; **$V_Q = a \cdot b \cdot c$**.
Beispiel: a = 8 cm; b = 6 cm; c = 4 cm;
Volumen $V_Q = a \cdot b \cdot c$ = 8 cm · 6 cm · 4 cm
= 192 cm³

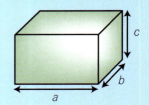

Beachte: Länge, Breite und Höhe sind in der gleichen Längeneinheit angegeben.

Merke: Sind Länge, Breite und Höhe in unterschiedlichen Längeneinheiten angegeben, so müssen sie in eine gleiche Längeneinheit umgewandelt werden (s. Seite 6).
Beispiel: a = 6 dm; b = 5 cm; c = 40 mm;
Umwandlung in cm: a = 60 cm; b = 5 cm; c = 4 cm;
Volumen $V_Q = a \cdot b \cdot c$ = 60 cm · 5 cm · 4 cm = 1 200 cm³

Für das **Volumen V_W eines Würfels** mit der Kantenlänge a gilt:
V_W = Kantenlänge · Kantenlänge · Kantenlänge;
$V_W = a \cdot a \cdot a = a^3$.
Beispiel: a = 5 cm;
Volumen $V_W = a \cdot a \cdot a = a^3 = (5\,cm)^3$ = 125 cm³

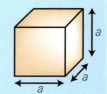

Das **Quadervolumen** kann auch **aus Grundfläche und Höhe** berechnet werden: Da das Produkt aus Länge a und Breite b gleich der Grundfläche G des Quaders ist, gilt auch:
V_Q = Grundfläche · Höhe; **$V_Q = G \cdot h$**.
Beispiel: Grundfläche G = 48 cm²; Höhe h = 4 cm;
Volumen $V_Q = G \cdot h$ = 48 cm² · 4 cm = 192 cm³

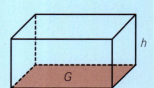

6.6 Volumenberechnungen

Als **Umkehrung der Volumenformel** $V_Q = G \cdot h$ gilt beim Quader:
Grundfläche G = Volumen : Höhe; $\mathbf{G = V_Q : h;}$
Höhe h = Volumen : Grundfläche; $\mathbf{h = V_Q : G.}$

Beispiele:
▶ Gegeben: Volumen $V_Q = 400\,cm^3$; Grundfläche $G = 50\,cm^2$;
  für die Höhe h gilt dann: $h = V_Q : G = 400\,cm^3 : 50\,cm^2 = 8\,cm$.
▶ Gegeben: Volumen $V_Q = 650\,dm^3$; Höhe $h = 13\,dm$;
  für die Grundfläche G gilt dann: $G = V_Q : h = 650\,dm^3 : 13\,dm$
  $= 50\,dm^2$.

Merke: Flächeneinheit und Längeneinheit müssen zueinander passen. Die Maßzahlen werden dann miteinander multipliziert. Das Ergebnis erhält die zugehörige Volumeneinheit.

Also: **Flächeneinheit · Längeneinheit = Volumeneinheit**

$1\,mm^2$	· $1\,mm$	= $1\,mm^3$
$1\,cm^2$	· $1\,cm$	= $1\,cm^3$
$1\,dm^2$	· $1\,dm$	= $1\,dm^3$
$1\,m^2$	· $1\,m$	= $1\,m^3$

❶ Berechne das Volumen des Quaders aus Länge, Breite und Höhe.

	a)	b)	c)	d)	e)
Länge a	12 cm	35 dm	4 m	2 dm 5 cm	45 dm
Breite b	9 cm	25 dm	25 dm	1,5 dm	4 m
Höhe c	15 cm	18 dm	2 m	6 cm	1,25 m

❷ Berechne das Volumen des Würfels aus der Kantenlänge und runde.

	a)	b)	c)	d)	e)
Kantenlänge a	11 cm	24 dm	1,5 m	2 dm 5 cm	15,5 cm

6 Flächen- und Volumenmessungen

3 Berechne das Volumen des Quaders aus Grundfläche und Höhe.

	a)	b)	c)	d)	e)
Grundfläche G	420 cm²	600 dm²	4 dm²	6 m² 25 dm²	4,07 m²
Höhe h	30 cm	1 m 5 dm	25 cm	40 dm	1,5 m

4 Berechne die jeweils fehlenden Größen des Quaders.

	a)	b)	c)	d)
Länge a	12 cm	6 dm	?	?
Breite b	5 cm	?	10,5 cm	1 dm
Höhe h	?	45 cm	?	?
Grundfläche G	?	48 dm²	84 cm²	1 m²
Volumen V_Q	600 cm³	?	2,52 dm³	1 m³
Oberfläche O_Q	?	?	?	?

6.7 Volumen zusammengesetzter Körper

DAS MUSST DU WISSEN — **Zerlegung und Ergänzung**

Ist ein Körper aus Quadern zusammengesetzt, so kann sein Volumen nach zwei Methoden berechnet werden.

Zerlegungsmethode: Man zerlegt den zu berechnenden Körper in einzelne Quader und berechnet deren Rauminhalt. Anschließend werden die Rauminhalte der Teilkörper addiert.

Ergänzungsmethode: Man ergänzt den zu berechnenden Körper zu einem ganzen Quader. Von dessen Volumen subtrahiert man dann die Rauminhalte der ergänzten Quader.

6.7 Volumen zusammengesetzter Körper

> **DAS MUSST DU WISSEN** — **Die Zerlegungsmethode**
>
> Zur Volumenberechnung wird der Körper in zwei Teilquader zerlegt.
>
>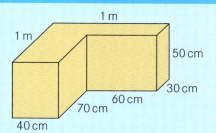
>
> **Zerlegung 1:**
> $V = V_I + V_{II}$
> $= 1\,m \cdot 40\,cm \cdot 50\,cm$
> $+ 60\,cm \cdot 30\,cm \cdot 50\,cm$
> $= 100 \cdot 40 \cdot 50\,cm^3 + 60 \cdot 30 \cdot 50\,cm^3$
> $= 200\,000\,cm^3 + 90\,000\,cm^3$
> $= 290\,000\,cm^3 = 290\,dm^3$
>
>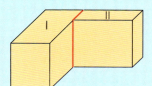
>
> **Zerlegung 2:**
> $V = V_I + V_{II}$
> $= 1\,m \cdot 30\,cm \cdot 50\,cm + 70\,cm \cdot 40\,cm \cdot 50\,cm$
> $= 100 \cdot 30 \cdot 50\,cm^3 + 70 \cdot 40 \cdot 50\,cm^3$
> $= 150\,000\,cm^3 + 140\,000\,cm^3$
> $= 290\,000\,cm^3 = 290\,dm^3$
>
>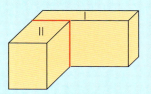
>
> Beide Zerlegungen führen zum gleichen Ergebnis. Es ist also unabhängig von der Art der Zerlegung.

> **DAS MUSST DU WISSEN** — **Die Ergänzungsmethode**
>
> Zur Volumenberechnung wird der Körper zu einem großen Quader ergänzt.
>
>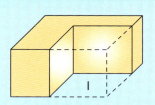
>
> $V = V_Q - V_I$
> $= 1\,m \cdot 1\,m \cdot 50\,cm - 60\,cm \cdot 70\,cm \cdot 50\,cm$
> $= 100 \cdot 100 \cdot 50\,cm^3 - 60 \cdot 70 \cdot 50\,cm^3$
> $= 500\,000\,cm^3 - 210\,000\,cm^3 = 290\,000\,cm^3 = 290\,dm^3$
>
> **Beachte:** Welche Methode als die geeignetere erscheint, wird anhand der Aufgabenstellung entschieden.

6 TEST Flächen- und Volumenmessungen

1 Berechne das Volumen des Körpers.
Berechne die fehlenden Kantenlängen aus den gegebenen Größen.
Die Maße sind jeweils in cm angegeben.

a)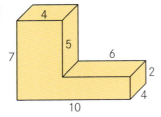

b)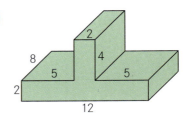

c)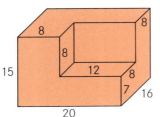

d)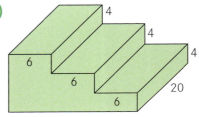

Test

1 Umrechnung von Flächeneinheiten

a) Wandle in die nächstkleinere bzw. nächstgrößere Einheit um.
45 000 cm²; 76 ha; 9 008,8 dm² |6|

b) Rechne in die in Klammern angegebene Einheit um.
87 635 dm² [m²]; 25 015 005 285 mm² [dm²] |2|

2 Berechne jeweils die Oberfläche.

a) Quader mit den Kantenlängen $a = 15$ cm, $b = 10$ cm, $c = 30$ cm |2|
b) Würfel mit der Kantenlänge $a = 12$ cm |1|

6 TEST Flächen- und Volumenmessungen

3 **Berechne den Flächeninhalt der Figur.**
Die Maßangaben beziehen sich auf die Einheit cm.
Wähle den Rechenweg, der dir günstiger erscheint. |5|

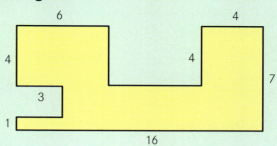

4 **Umrechnung von Volumeneinheiten**
Wandle jeweils in die in Klammern angegebene Einheiten um.

a) 4 760 000 cm³ [dm³ und m³] |2|
b) 37 m³ [cm³ und hl] |3|

5 **Berechne das Volumen.**

a) Quader mit $a = 5\,m$, $b = 3\,m$, $c = 2\,m$ |1|
b) Würfel mit $a = 15\,cm$ |1|

6 **Berechne das Volumen des Körpers.**
Die Maßangaben beziehen sich auf die Einheit cm.
Wähle den Rechenweg, der dir günstiger erscheint. |5|

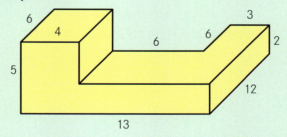

||28||

Wie viele Punkte hast du? Erreichst du mehr als 22 Punkte, beherrschst du den Inhalt des Kapitels wirklich gut. Erreichst du weniger als 13 Punkte, dann solltest du dieses Kapitel wiederholen.

99

7 Sachaufgaben

Das musst du am Ende der Klasse 5 können:
▷ Mit Größen rechnen
▷ Gleichungen aufstellen und lösen
▷ Lösungsstrategien für Sachaufgaben anwenden

7.1 Rechnen mit Größen

BEISPIEL

5 m + 34 cm = 500 cm + 34 cm = 534 cm;   1 m · 2 m = 2 m²;
7 t − 4 365 kg = 7 000 kg − 4 365 kg = 2 635 kg;   15 h : 3 = 5 h

DAS MUSST DU WISSEN | **Addition und Subtraktion mit Größen**

Zum Addieren bzw. Subtrahieren müssen die Größen in der **gleichen Einheit** vorliegen. Sie müssen also eventuell erst umgewandelt werden. Dann werden jeweils die Maßzahlen addiert bzw. subtrahiert und mit der gemeinsamen Einheit versehen.

Sind die Größen in **gemischten Einheiten** angegeben, so kann man eine solche Summe bzw. Differenz auf zwei Arten berechnen.
1. Methode: Wandle zuerst in die gleiche Einheit um und addiere bzw. subtrahiere dann. Schreibe das Ergebnis wieder in gemischten Einheiten.
Beispiel: 3 m 86 cm 5 mm + 37 cm 3 mm = 3 865 mm + 373 mm
= 4 238 mm = 4 m 23 cm 8 mm
Bei diesem Rechenweg musst du sicher umwandeln können. Oft erhältst du beim Umwandeln in die kleinere Einheit auch relativ große Zahlen.
2. Methode: Addiere bzw. subtrahiere die einzelnen Teile mit der jeweils gleichen Einheit gesondert. Wandle am Ende noch in die übliche Schreibweise um.

7.1 Rechnen mit Größen

Beispiel:
386 cm 5 mm + 37 cm 3 mm = 3 m + 86 cm + 5 mm + 37 cm + 3 mm
= 3 m + (86 cm + 37 cm) + (5 mm + 3 mm) = 3 m + 123 cm + 8 mm
= 3 m + 1 m 23 cm + 8 mm = 4 m 23 cm 8 mm
Wer hier sicher rechnet, kann so kürzer schreiben:
3 m 86 cm 5 mm + 37 cm 3 mm = 3 m 123 cm 8 mm = 4 m 23 cm 8 mm.
So sparst du dir das Umrechnen in eine kleinere Einheit. Deswegen kannst du oft mit relativ kleinen Zahlen leicht im Kopf rechnen. Dafür musst du am Ende manchmal noch in die übliche Schreibweise umwandeln.
Merke: Beide Methoden führen zum selben Ergebnis.

Sind die Größen in **Kommaschreibweise** angegeben, müssen die Kommas exakt untereinander stehen. Rechnest du nebeneinander, füllst du mit Nullen auf gleich viele Stellen hinter den Kommas auf.
Beispiel:
2,760 km
0,295 km
3,800 km
6,855 km

2,760 km + 0,295 km + 3,800 km = 6,855 km

1 Addiere.

a) 1 m 75 cm 8 mm + 24 cm 1 mm   b) 8 km 55 m + 12 km 950 m
c) 8 kg 972 g + 42 kg 75 g   d) 77 t 850 kg + 145 t 500 kg
e) 6 h 32 min 55 s + 4 h 44 min 15 s   f) 4 h 16 min 12 s + 8 h 43 min 48 s

2 Subtrahiere.

a) 66 kg 155 g − 32 kg 95 g   b) 17 t 884 kg − 9 t 79 kg
c) 1 m 55 cm 9 mm − 14 cm 6 mm   d) 9 h 24 min 36 s − 7 h 18 min 17 s
e) 75 km 850 m − 56 km 970 m   f) 16 m 6 dm 7 cm − 4 m 4 dm 9 cm
g) 1 h 39 min 15 s − 49 min 44 s   h) 85 kg 350 g − 69 kg 595 g

7 Sachaufgaben

3 Berechne und gib das Ergebnis mit gemischten Einheiten an.

a) 5 t 550 kg − 2 t 575 kg
b) 4 km 480 m + 5 km 730 m
c) 4 t 650 kg + 7 t 865 kg
d) 3 km 570 m − 1 km 395 m
e) 4 m 8 cm 5 mm + 7 dm 3 cm
f) 2 h 45 min + 30 min
g) 6 h 32 min − 4 h 25 min
h) 7 h 33 min − 4 h 48 min

4 Berechne und gib das Ergebnis in der größten vorkommenden Einheit an.

a) 87 kg 425 g − 52,880 kg
b) 4 km 36 m − 2 580 m
c) 6 m 80 cm − 137 cm
d) 3 kg 50 g − 1,750 kg
e) 3,45 m − 1 m 90 cm
f) 3 m 86 cm 5 mm + 37 cm 3 mm
g) 4 m 373 mm + 3 m 8 dm 6 cm 5 mm

5 Berechne und gib das Ergebnis in Kommaschreibweise an.

a) 3,42 km + 4 038 m
b) 3 m 45 cm − 1,9 m
c) 4 km 36 m − 2,58 km
d) 4 m 7 cm + 2,85 m
e) 6,8 m − 137 cm
f) 87 kg 425 g − 52,88 kg
g) 1 t 50 kg + 3,7 t
h) 3,5 kg − 1 kg 75 g
i) 3 kg 50 g − 1,75 kg

6 Berechne.

a) 83 t 300 kg + 50,8 t + 15 750 kg + 2,5 t

b) 12 h + 3 h 45 min + $\frac{1}{2}$ h

c) 5 m 18 cm − 2,22 m − 175 cm

7.1 Rechnen mit Größen

> **DAS MUSST DU WISSEN** — **Multiplikation und Division mit Größen**
>
> Multiplizierst oder dividierst du **eine Größe** mit **einer Zahl**, so erhältst du eine Größe **gleicher Art**. Dividierst du **zwei Größen** gleicher Art, erhältst du **eine Zahl**. Multiplizierst du Größen oder dividierst du Größen **verschiedener Art**, so erhältst du Größen einer **anderen Art**. (Dies ist jedoch nicht immer sinnvoll!)
> Ist eine Größe in gemischten Einheiten oder in Kommaschreibweise gegeben, so ist es in der Regel sinnvoll, auf eine Einheit mit ganzzahliger Maßzahl umzuwandeln. Bei der Multiplikation und Division **gleichartiger Größen** müssen **gleiche Einheiten** vorliegen.
>
> Beispiele:
> 2 m 40 cm · 3 = 240 cm · 3 = 720 cm;   24 m : 2 m = 12;
> 2,4 m : 12 = 240 cm : 12 = 20 cm;   100 m : 10 s = 10 $\frac{m}{s}$;
> 1 m · 20 cm = 10 dm · 2 dm = 20 dm^2;   60 $\frac{km}{h}$ · 2 h = 120 km.

7 Multipliziere.

a) 1,29 € · 5   b) 2 € 55 Cent · 6   c) 3 € 9 Cent · 20
d) 2 kg 250 g · 3   e) 2 m 75 cm · 4   f) 4 h 25 min · 4

8 Dividiere.

a) 1,29 € : 3   b) 2 € 55 Cent : 5   c) 2 m 75 cm : 5
d) 2 kg 250 g : 5   e) 2,4 km : 6   f) 4 h 25 min : 5

9 Berechne.

a) 4 m · 6 m   b) 2 km : 100 m   c) 1,2 m · 50 cm
d) 1,05 m : 21 cm   e) 15 m^2 : 3 m   f) 180 km : 3 h

7 Sachaufgaben

7.2 Gleichungen

> **TIPPS UND INFOS**
>
> Gleichungen entstehen z. B. aus Zahlenrätseln.

> **DAS MUSST DU WISSEN** — So löst du ein Zahlenrätsel
>
> Sebastian ist recht unaufmerksam mit seinem Mathematikheft umgegangen. Auf einer Seite sind nur noch Teile der Rechnung zu erkennen:
>
>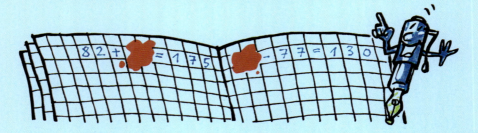
>
> Wenn wir die fehlenden Zahlen herausfinden wollen, dann fragen wir:
>
> Welche Zahl hat Sebastian zu 82 addiert und dabei 175 erhalten?
>
> Von welcher Zahl hat Sebastian 77 subtrahiert und dabei 130 erhalten?
>
>
>
> Setzt du x für die unbekannte Zahl, lauten die zugehörigen Gleichungen:
>
> $82 + x = 175$ $\qquad\qquad x - 77 = 130$
>
> Zur Lösung der Gleichungen rechnest du die Probe für die gesuchte Zahl x:
>
> $x = 175 - 82$ $\qquad\qquad x = 130 + 77$
> $x = 93$ $\qquad\qquad\quad\ x = 207$

7.2 Gleichungen

Bei Multiplikation und Division rechnest du entsprechend.
Beispiele:

$28 \cdot x = 196$	$x : 27 = 3$	$135 : x = 27$
$x = 196 : 28$	$x = 27 \cdot 3$	$x = 135 : 27$
$x = 7$	$x = 81$	$x = 5$

1 Löse die Gleichung.

a) $450 - x = 210$ b) $308 + x = 625$ c) $x + 945 = 1\,125$
d) $x - 124 = 444$ e) $210 \cdot x = 1\,680$ f) $4\,000 : x = 250$
g) $x : 61 = 8$ h) $256 : x = 8$ i) $x \cdot 17 = 289$

2 Löse das Zahlenrätsel.

a) Welche Zahl muss ich zu 238 addieren, um 762 zu erhalten?
b) Von welcher Zahl muss ich 529 subtrahieren, um 495 zu erhalten?
c) Welche Zahl muss ich von 1 722 subtrahieren, um 811 zu erhalten?
d) Von welcher Zahl muss ich die Summe der Zahlen 145 und 298 subtrahieren, um 741 zu erhalten?
e) Welche Zahl muss ich zur Differenz der Zahlen 1 250 und 583 addieren, um die Summe der Zahlen 291 und 964 zu erhalten?

3 Erfinde zu jeder Gleichung der Aufgabe 1 ein Zahlenrätsel.

4 Löse das Zahlenrätsel.

a) Welche Zahl muss ich mit 26 multiplizieren, um 312 zu erhalten?
b) Welche Zahl muss ich durch 44 dividieren, um 22 zu erhalten?
c) Durch welche Zahl muss ich 1 605 dividieren, um 321 zu erhalten?
d) Durch welche Zahl muss ich das Produkt aus 12^2 und 55 dividieren, um 60 zu erhalten?
e) Welche Zahl muss ich mit dem Quotienten der Zahlen 1 920 und 24 multiplizieren, um das Produkt aus 2^5 und 15 zu erhalten?

7 Sachaufgaben

5 Löse die Gleichung (Vorsicht: negative Zahlen).

a) $5 - x = -7$ b) $10 + x = 3$ c) $x + 45 = 25$
d) $x - 24 = -14$ e) $21 \cdot x = -63$ f) $400 : x = -25$
g) $x : 61 = -8$ h) $-256 : x = 8$ i) $x \cdot (-17) = 289$

7.3 Lösungsstrategien für Sachaufgaben

DAS MUSST DU WISSEN — Der mathematische Ansatz

Bei Sachaufgaben besteht die Schwierigkeit oft darin, den Text bzw. die Fragestellung in einen mathematischen **Ansatz** zu übertragen. Erst dann kannst du rechnen.

TIPPS UND INFOS — Lösungsstrategien

Folgende Überlegungen können hilfreich sein:
- Lies den Text genau.
- Stelle dir die beschriebene Situation möglichst genau vor.
- Erstelle gegebenenfalls zur Veranschaulichung eine Zeichnung.
- Suche für die vorkommenden Größen passende Begriffe und schreibe die gegebenen Größen heraus.
- Überlege genau, was gesucht ist, und bezeichne die gesuchte Größe mit einem passenden Begriff.
- Überlege, wie die gegebenen und die gesuchten Größen zusammenhängen. Vielleicht gibt es eine Berechnungsformel.
- Überprüfe deinen Ansatz, ob er auch sinnvoll ist.
- Mache nach der Rechnung die Probe. Überprüfe auch, ob dein Ergebnis zur Aufgabenstellung passt und nach deiner Erfahrung stimmen kann.
- Schreibe einen Antwortsatz.

7.3 Lösungsstrategien für Sachaufgaben

BEISPIEL — Eine Sachaufgabe lösen

Hinweis: Viele Rechnungen können beim Lösen von Sachaufgaben im Kopf erledigt werden. Hier ist alles aufgeschrieben, damit alle Überlegungen nachvollzogen werden können.

Ein Lieferwagen darf mit 1 t 500 kg beladen werden. Im Wagen befinden sich schon 15 Säcke Kartoffeln zu je 50 kg und 30 Kisten mit Gemüse zu je 15 kg. Wie viele Säcke Zwiebeln zu je 20 kg können noch zugeladen werden?

Gegeben: Gesamtgewicht: 1 t 500 kg
Gewicht der Kartoffeln: 15 · 50 kg
Gewicht der Gemüsekisten: 30 · 15 kg
Gewicht eines Zwiebelsacks: 20 kg

Gesucht: Anzahl der Zwiebelsäcke

Lösungweg: (Zunächst in einzelnen Schritten mit Überlegungen)
1. Wie viel wurde bereits aufgeladen?
   15 · 50 kg + 30 · 15 kg = 750 kg + 450 kg = 1 200 kg
2. Wie viel kann noch zugeladen werden? Dazu wird von der erlaubten Zuladung das gesamte Gewicht der bereits aufgeladenen Säcke und Kisten subtrahiert:
   1 t 500 kg – 1 200 kg = 1 500 kg – 1 200 kg = 300 kg.
3. Wie viele Zwiebelsäcke ergeben 300 kg? 300 kg : 20 kg = 15

In einem **Gesamtterm** werden die Rechenschritte zusammengefasst:
[1 t 500 kg – (15 · 50 kg + 30 · 15 kg)] : 20 kg =
[1 t 500 kg – (750 kg + 450 kg)] : 20 kg =
[1 t 500 kg – 1 200 kg] : 20 kg = 300 kg : 20 kg = 15.

Antwort: Es können noch 15 Zwiebelsäcke aufgeladen werden.

1 Bea kauft ein.

Sie kauft Schokolade für 1,09 €, Plätzchen für 4,59 € und Gummibärchen für 2,60 €. Sie zahlt mit zwei 5-€-Scheinen und bekommt fünf Münzen zurück. Welche?

7 Sachaufgaben

② Andreas plant sein neues Zimmer.

An die 3,82 m lange Wand möchte er neben den 1,87 m breiten Schrank und das 95 cm breite Bett einen Schreibtisch stellen. Wie breit darf der Schreibtisch höchstens sein? Fertige auch eine maßstäbliche Zeichnung an.

③ Tanja hat Geburtstag.

Für die Feier hat sie von ihren Eltern 20 € und von der Patentante 15 € bekommen. Sie kauft im Supermarkt ein: Am Abend wollen sie noch Pizza essen. Eine Familienpizza kostet 12,50 €, die Pizza Spezial 6,50 €. Was können sie noch bestellen?

④ Klassenfahrt

Die 25 Schüler der Klasse 5e planen eine Klassenfahrt mit drei Übernachtungen in einer 45 km entfernten Jugendherberge. Eine Übernachtung mit Verpflegung kostet pro Schüler 15,50 €. Das Busunternehmen berechnet für die Hin- und Rückfahrt 380 €. Wie viel muss jeder Schüler zahlen, wenn pro Schüler noch 5,50 € für Eintritte hinzukommen.

⑤ Herr Schnell ist mit seinem PKW auf der Autobahn unterwegs.

An der nächsten Autobahntankstelle tankt er seinen 55-l-Tank voll. Ein Liter Benzin kostet 1,449 €. Er zahlt mit einem 100-€-Schein und erhält 26,83 € zurück. Hätte er ohne zu tanken bis zur 60 km entfernten Tankstelle in seinem Heimatort fahren können, wenn sein Auto 9,5 l auf 100 km verbraucht?

7 TEST Sachaufgaben

Test

1 Berechne und gib das Ergebnis mit gemischten Einheiten an.

a) 2 m 55 cm + 1 m 75 cm |1|
b) 4 km 480 m − 2 km 730 m |1|
c) 4 kg 650 g + 2,85 kg |1|
d) 3,2 km − 1 950 m |1|

2 Berechne.

a) 83,30 € + 50,80 € + 157,50 € |1|
b) $5\frac{1}{2}$ h − 3 h 47 min |1|
c) 1,5 l − 0,75 l − 0,33 l |1|
d) 4 m 84 cm − 1,27 m − 275 cm |1|

3 Berechne.

a) 4 m · 50 cm |1| b) 2 m · 3,5 m |1| c) 2 m : 50 cm |1|
d) 3,5 kg : 7 |1| e) 126 km : 2 h |1| f) 15 m² : 2,5 m |1|

4 Löse das Zahlenrätsel.

a) Welche Zahl musst du von 257 subtrahieren, um 176 zu erhalten? |2|
b) Welche Zahl musst du mit 13 multiplizieren, um 221 zu erhalten? |2|
c) Durch welche Zahl musst du 405 dividieren, um 27 zu erhalten? |2|

5 Löse die Sachaufgabe.

Bernd unternimmt in den Ferien an Ostern eine Radtour. Vor der Abfahrt zeigt sein Kilometerzähler 2 357 km an. Am ersten Tag fährt er 34 km, am zweiten Tag 37 km und am dritten Tag sogar 41 km. Nach dem vierten Tag zeigt der Kilometerzähler 2 505 km an. Wie lang war die Radtour insgesamt und wie viele Kilometer hat Bernd am vierten Tag zurückgelegt? |6|

||26||

Wie viele Punkte hast du? Erreichst du mehr als 20 Punkte, beherrschst du den Inhalt des Kapitels wirklich gut. Erreichst du weniger als 12 Punkte, dann solltest du dieses Kapitel wiederholen.

Stichwortverzeichnis

Addition 29, 38
Assoziativgesetz
    der Addition 34
    der Multiplikation 45, 57

Basis 47
Balkendiagramm 13
Begrenzungsflächen 62, 63
Begrenzungslinien 62, 63 66
Betrag 25

Daten 13
Diagramm 13
Differenz 31
Distributivgesetz
    der Division 50, 54, 58
    der Multiplikation 45, 54, 58
Division 49–51, 56–58
    mit Größen 103
Dreieck, rechtwinkliges 84

Einheitentafel 8, 81, 82, 92
Einheitsquadrate 79
Einheitswürfel 90
Eigenwert 19
Ergänzungsmethode 87, 96, 97
Exponent 19, 47

Faktor 42
Figurendiagramm 13
Flächen 62, 63
    Berechnung 83, 84

ganze Zahlen 24
Gegenzahl 25
Geld 6

gemischte Einheiten 82, 93, 100, 103
Gerade 67
Gesamtterm 107
Gleichungen 104
Grad 73
Grundzahl 47

Halbgerade 67
Hochzahl 19, 47

Kommaschreibweise 8, 81, 91, 101
Kommutativgesetz
    der Addition 34, 39
    der Multiplikation 44, 57
Koordinate(n) 70
Koordinatensystem 70
Körper 61, 62
Kreislinie 66, 67

Länge 6
Lot, Lotgerade 69

Masse 6
Maßstab 11
Minuend 31
Multiplikation 42–46, 56–58

Nachfolger 22
natürliche Zahlen 20
negative Zahlen 24
Netz eines Körpers 64

Oberfläche 89

parallel 66, 68
Parallele 69

Stichwortverzeichnis

Parallelogramm 84
Piktogramm 13
Potenzen 47, 57
Produkt 42

Quader 61
Quadrant 70, 71
Quadrat 84
Quadratzahlen 48
Quotient 49

Radius 67
Rechenausdruck siehe Terme
Rechteck 84
runden 9

Sachaufgaben 106
Säulendiagramm 13
Scheitel 72
Schenkel 72
Schnittpunkt 68
Schrägbild 62
senkrecht 66, 68
Senkrechte 69
Stellenwert 19
Stellenwerttafel 20
Strecke 67
Strichdiagramm 13
Stufenzahlen 19
Subtrahend 31
Subtraktion 31
Summe 29
Summanden 29

Überschlag 43
Umfang 85
Ursprung 70

Terme 34
    mit Klammern 36, 52
    Rechengesetze 34, 54

Verbindungsgesetz siehe
    Assoziativgesetz
Vertauschungsgesetz siehe
    Kommutativgesetz
Verteilungsgesetz siehe
    Distributivgesetz
Vollwinkel 73, 75
Volumen 90-95
Vorgänger 22

Wert der Differenz 31
Wert des Produkts 42
Wert des Quotienten 49
Wert der Summe 29
Winkel 72-75
    Messung 73
Würfel 61

x-Achse 70

y-Achse 70

Zahlengerade 24
Zahlenstrahl 22
Zeit 7
Zerlegungsmethode 87, 96, 97
Zufallsexperiment 15

Verzeichnis der Zeichen und Abkürzungen

Bedeutung	Bezeichnung in diesem Buch	abweichende Bezeichnungen in anderen Büchern
Menge der natürlichen Zahlen	$\mathbb{N} = \{0; 1; 2; 3; ...\}$	$\mathbb{N}_0 = \{0; 1; 2; 3; ...\}$
Menge $\mathbb{N}$ ohne Null		$\mathbb{N} = \{1; 2; 3; ...\}$
		$\mathbb{N}^* = \{1; 2; 3; ...\}$
Menge der ganzen Zahlen	$\mathbb{Z} = \{...; -2; 1; 0; 1; 2; ...\}$	
... ist Element von ...	$\in$	
... ist nicht Element von ...	$\notin$	
Leere Menge	{ }	$\emptyset$
Strecke von A nach B	$\overline{AB}$	[AB]
Länge der Strecke AB	$\overline{AB}$	$|AB|$
Halbgerade, Strahl	[AB	$|AB$
Gerade AB	AB	
A liegt auf g	$A \in g$	
A liegt nicht auf g	$A \notin g$	
Schnittmenge von g und h	$g \cap h$	
Menge, die den Punkt S enthält	{S}	
Kreislinie um den Mittelpunkt M mit dem Radius r	$k(M; r)$	
Durchmesser eines Kreises	d	
g senkrecht zu h	$g \perp h$	
g parallel zu h	$g \parallel h$	
Rechter Winkel	∟	
Winkelbezeichnung mit Schenkel	$\sphericalangle (g, h)$	
Winkelbezeichnung mit Punkten	$\sphericalangle ACB$	
Punkt mit x = 5 und y = 3	P(5|3)	P(5; 3)
Längeneinheit	LE	
Umfang	u	
Flächeninhalt	A	A_0
Oberflächeninhalt	O	
Volumen, Rauminhalt	V	